ありがとうの奇《き》跡《せき》

Miracles of the
Word "Arigato"

小林正観

ダイヤモンド社

はじめに

40年間、研究した結果、「ひとつの結論」が得られました。

「『ありがとう』を口にすると、神様が味方になってくれるらしい」

ということです。

そして「ありがとう（感謝）」という概念《がいねん》を使いこなし、「人生のすべてを感謝の対象」として意識していくと、その先に何が待ち受けているかといえば、

「ありがとうを言ったものが（感謝されたものが）、すべて、あなたの味方になってくれる」

ようなのです。

感謝の対象は、なにも「人間」だけとはかぎりません。「もの」「こと」など、日常生活のすべてです。

私たちの目の前にあるもの、すべてに「魂」が入っていると、考えることができるからです。

私は、ずっと「唯物論《ゆいぶつろん》（現象が「物質的」に現れないかぎり信じない）」なのですが、「唯物論的」に、突き詰めて考えてみると、どうも「神様は存在するらしい」としか考えられないようです。

こうした私の話は、「宗教的」に聞こえるかもしれません。ですが、くれぐれも言っておきますが、私は「宗教者」ではありません。いかなる「宗教」とも関係がありません。

●「ありがとう」は、すべての存在を味方につける

ヒトはひとりで生きているときは、生物学的な「ヒト」。「ヒト」の「間」に生きるようになって、はじめて「人間」といいます。そして、「ヒト」が「人間」になるための切り替えスイッチが、どうやら「感謝（ありがとう）」のようなのです。

「ヒト」＋「感謝（ありがとう）」＝「人間」

つまり、「ありがとう（感謝）」を使いこなした「ヒト」が「人間」なのです。

「人間」はこの世で、ひとりで生きているわけではありません。「ありがとう」と言いながら生きていくものです。

そして、「人間」にとって、「すべての存在」を味方につけられるオールマイティの方法論が「ありがとう（感謝）」のようなのです。

●「努力」をしないほうが、あらゆる物事がスムーズに流れる

「ありがとう」を口にせず、「努力をしてなんとかしようとする人」は、「自分の力」しか信用していません。裏を返せば、「神様を信用していない」ということです。

「神様を使いこなす方法」を知ってしまったら、むしろ「努力しない」ほうが、いろいろなおもしろさに遭遇《そうぐう》できるのではないでしょうか。

「否定的な言葉」をいっさい言わず、口から出てくる言葉が「嬉しい・楽しい・幸せ・愛してる・大好き・ありがとう・ツイてる」といった肯定的な言葉になれば、「神様を味方につける」ことができるようです。

そして、**「神様」を味方につけることができれば、あらゆる物事が、とても簡単にスムーズに流れるようになるでしょう。**

たくさんの「ありがとう」を言うだけで、「神様」を味方につけることができます。
そのことに気づいてしまうと、「損得勘定《そんとくかんじょう》」で考えた場合、頑張って、努力したり、足りないものを手に入れようと、躍起《やっき》になる必要はありません。

- 三次元的にいうと、「努力」の反対は「怠惰、怠慢」
- 四次元的にいうと、「努力」の反対は「感謝」

つまり、「努力」とは、自分の力しか信じないことであり、「感謝」とは、「自分の力はゼロなんだ」と思い定めることなのです。

これがわかってしまうと、「努力」するより、「感謝をして、神様に味方になってもらう」ほうが「得」、と考えることができるでしょう。

●「ありがとう」で売上が3倍に

目の前に存在する、一人ひとりに、「自分の力ではなく、みなさんのおかげで今の自分があります。ありがとう」と言って頭を下げていくと、人生はそれだけでよい方向に進んでいくようです。

ある有名な食品メーカーでの話です。社長が急死し、その後、会社のことを知らない奥さんが、会社を受け継ぐことになりました。

どんな社員がいるのかも把握していないし、どんな商品があるのかもわかりません。取引先にも、なにも説明できません。

そこで、この奥さんはどうしたかというと、社員と取引先に、「ありがとう」「ありがとう」「ありがとう」と、ただ頭を下げたのだそうです。

「みなさんのおかげで、この会社は成り立っています。ありがとう」と言っていたら、なにひとつ経営手腕を発揮していないのに、売上が「3倍」になったと聞きました。

今も、この奥さんは、商品のことは、よくわかりません。取引先のことも、よくわかりません。それでも、「感謝の気持ちだけで売上を上げた人物」として知られるようになって、この人のところには、全国から「講演の依頼」が殺到したそうです。

経営手腕が優れていたから、売上が3倍になったのではありません。何も知らないから、「みなさん、助けてください。ありがとう」と言い続けただけなのです。

夫が経営手腕を発揮していたときも、このメーカーの商品は、ほかのメーカーの商品よりも、たくさん売れていました。しかし、その夫の努力の結果よりも、「ありがとう」を言っているときのほうが、売上が上がったのです。

どうして、売上が上がったのでしょうか。それは、「ありがとう」と言われた人たちが、奥さんの「味方」になったからです。

つまり、こう言うことができるでしょう。

「人生とは、味方をつくる日々である」

ということです。今日からたくさんの「味方」をつくって生きていくと、おもしろいと思います。

毎日意識しながら「ありがとう」を言って、「味方」をつくる。そうすると、当然、あなたが困ったときには、「たくさんの味方」が力を貸してくれるでしょう。

●すべてを味方につける「ありがとうの法則」

70歳くらいの方とお話をしていたとき、私が、「インターネットが使えると、小林正観の講演会の日程も出てくるので、便利ですよ」という話をしたら、この方は、次のように即答しました。

「わかりました。インターネットが得意な友人をつくれということですね」

すごい発想です。この方は、自分がインターネットを覚えなくても、パソコンが得意な「味方」をひとり増やしていけばいいと考えた。すごく頭が柔らかい。

自分が全部やるのではなくて、自分の努力や頑張りを「ゼロ」にする。そして、他人を当てにして、そのことが得意な友人に味方になってもらい、やってもらうように考えると、人生がおもしろくなります。

「他人を当てにすることができ、なおかつ自分も当てにされるという関係」で生きていくのが「人間関係」。それが「人の間で生きる」ということです。

戦後、西洋文化的な価値観の中で生きてきた私たちは、「人に頼るな」、「自分の力で生きていきなさい」と教育されてきたのですが、これからは、「人のあたたかさを当てにして生きていく」のはどうでしょうか。そして、「人からあたたかさを求められたら、自分もできるかぎりあたたかさを提供する」のです。

「ありがとうの法則」とは、自分が自分の力で生きているのではなくて「あらゆるものの支援によって生きている」ことがわかることです。

その法則がわかると、三次元的な周囲の人間も、四次元的な存在（神様・宇宙）も、「すべてを味方につける」ことができるようです。

●50年間苦しんできた病気が治った

この40年間、肯定的な言葉、とりわけ「ありがとう」をたくさん口にしていると、体の細胞が活性化されて修復されるらしい、という実例をたくさん見てきました。

「ありがとう」を2万5０００回言い終わると、涙がどっとあふれてきて、「バスタオルがしぼれるくらいに大量の涙が出ることがあるみたいだ…」という話を、昔、講演会で言ったことがあります。

この講演会の参加者の方が、実際に2万5０００回「ありがとう」を言ってみたところ、「涙がどっとあふれ、泣いて泣いて、バスタオルがぐちゃぐちゃになった」と、報告をしてきました。

そして、「もうこれ以上、涙が出ない」というくらいに泣いて、涙が枯《か》れ果てるまで、泣いたそうです。

この方は65歳ですが、15歳のときから、皮膚がただれる病気を患っていました。原因も病名もわからず、50年間も苦しんできたそうです。

ところが、2万5０００回の「ありがとう」を言い終わって、大泣きした後、少し

して、体の腫《は》れがひいてきたのだそうです。

そして、その後、全身の皮膚が、きれいになっていったと、話してくれました。

また、次のような実例報告がありました。

ある人が、「ありがとう」を2万5000回言い終わったとき、涙があふれて止まらなくなったので、そのまま、遠慮せずに大泣きしました。

この人は、視力が0・01ほどしかなかったのですが、泣き終わったあと、しばらくして、視力が、かなりよくなっていったそうです。

悔しい涙や悲しい涙ではなく、「優しい気持ちになって大泣きする」ことは、ストレスの解消となり、とても体にいいようです。

もしかしたら、「涙を大量に流す」と、奇跡的な体の変化が起きるのかもしれません。

ガンが治った人の中にも、「ありがとうを言った」「涙を大量に流した（号泣した）」「笑い」などの事例が、いくつも私のところに、報告されています。

人によって何が起きるかはわかりませんが、不思議な体験を楽しめることがあるようです。

●「ありがとう」は、神様への感謝の言葉

真言宗《しんごんしゅう》の僧侶の方に教えていただいたのですが、「ありがたし（有《あ》り難《がた》し）」という言葉は、もともとは、お釈迦《しゃか》さまの言葉のようです。「法句経《ほっくきょう》」というお経に、次のように説かれています。

人の生を受くるは難く
やがて死すべき者の、

いま命あるは有《あ》り難《がた》し。
正法《しょうぼう》を耳にするも難く、
諸仏《しょぶつ》の世に出《い》ずるも有《あ》り難《がた》し。

人の命を受けることは難しく、必ず死ぬことになっている者が、たまたま命があるということは「ありがたい（有り難い＝めったにない）」ことだ。
生命を受けたとしても、その生きている間に「正しい教え」に接することは稀《まれ》で、仏が満ちている世（地球上のこの世）に生まれることも「ありがたい（有り難い）」ことである。

…という意味です。「有り難し」という言葉は、「めったに存在しない」という概念から生じたものです。

神様が「あり得ないこと」「存在し得ないこと」を起こしてくれたとき、「神様を賞賛する言葉」として、「ありがとう」「有り難し」「有り難い」という言葉が存在したそ

うです。

神様は、下界から「ありがとう」という言葉が聞こえてくると、自分に対して向けられた言葉だと認識します。そして、その人の「ありがとう」の回数をカチカチと、カウントしているのだそうです。

その数が、2万5000回とか、5万回とか、10万回、50万回、100万回、1000万回、さらに1億回というレベルを超えたとき、どうやら、神様は、その人にとって嬉しく、楽しく、幸せな現象を起こすようになっているようです。

●神様が好きなベスト3は、「掃除」「笑い」「感謝」

私の長年の研究の結果、「人生の3大悩み」を解消するのは、「掃除（そ）」と「笑い（わ）」と「感謝（か）」らしい…、というのがわかってきました。

私は、それぞれの頭文字をとって「そ・わ・かの法則」と名付けました。いずれも実践するのにお金はかかりませんし、場所や時も選びません。

- **「トイレ掃除」をすると、お金に困らないらしい**
- **「笑う」と、体が丈夫になるらしい**
- **「感謝（ありがとうを言うこと）」をすると、まわりが味方になってくれるらしい**

どうやら、「宇宙の法則」はそのようになっているようです。

私は、「こうすると、こうなる」「こうすると、こんなにおもしろい現象が起きる」という情報の収集家ですので、「なぜそうなるのか？」という理由は関係ありません。

「そ・わ・かの法則」は、「立派な人になるため」とか「人間の修行のため」と考えると、続かないかもしれません。それよりも、「やったほうが得」「もったいなくてやめられない」といった「損得勘定」で考えたほうが、ラクに続きそうです。

私もそう。私がトイレ掃除をやめないのも、笑ったり笑われたりすることをやめないのも、「ありがとう」と感謝することをやめないのも、「努力や頑張り」よりも効果があって、「得」だからです。私は「損得勘定」が徹底しているのです。

「ありがとう」だけでも神様を味方につけることができ、支援・応援をいただけるのですが、それに加えて「掃除」と「笑い（現象に対する肯定）」が加わることで、神様が強い味方になってくれるようです。

●人生は、すべて「自分が書いたシナリオ通り」に進んでいく

40年以上、「超常現象」や「不思議な出来事」を研究してきた結果、私なりにわかったことがあります。それは、

「どうも私たちは、自分の人生を、生まれるときから死ぬときまで、すべて、こと細かにシナリオに書いてきたらしい」

ということです。「自分が書いたシナリオ通り」に生きて、そのシナリオ通りに死んでいくようなのです。

「自分が書いたシナリオ通り」に人生が進んでいくのであれば、じたばたする必要はありません。右を選ぼうが左を選ぼうが、どちらを選んでも、選んだものが必ず「自分のシナリオ通り」だからです。

人生の選択は無数にあるのに、「そんなばかな!」と思う人が大半だと思いますが、その選択そのものが、すでに「シナリオ通り」なのです。

私たちは、自分の意思で選択をして生きていると思いがちですが、「確定された未来」がすでに存在しているらしいのです。

どうも私たちは、自分の頭の中に「一生涯分のデータ（シナリオ）」が入っていて、単にそれを読み取っている状態が「今」らしいのです。

自分に起きる現象が、「すべて自分が書いたシナリオ通り」だとわかると、ありとあらゆることに、「不平不満・愚痴・泣き言・悪口・文句」を言わなくなります。

●私が、長女から教わったこと

この話は、何度か本に書かせていただきましたが……、私には、知的障害を抱えた長女がいます。

彼女は、普通の子どもよりも筋力が足りないため、速く走ることができません。運動会の徒競走では、いつも「ビリ」です。

彼女が小学校6年生のとき、運動会の前に足を捻挫してしまった友だちがいました。長女はこの友だちと一緒に走ることになっていたため、私の妻はこう思ったそうです。

「友だちには悪いけれど、はじめて、ビリじゃないかもしれない…」

運動会を終え、妻はニコニコしながら帰ってきました。私は、「ビリじゃなかったんだ」と思ったのですが、「今回も、やっぱりビリだった」というのです。

今回もビリだったのに、どうして妻は、いつも以上にニコニコ嬉しそうにしていたのでしょうか。

徒競走がはじまると、長女は、足を捻挫した友だちのことを何度も振り返り、気にかけながら走ったそうです。自分のこと以上に、友だちが無事にゴールできるか、心配だったのでしょう。

友だちは足をかばうあまり、転んでしまいました。すると長女は走るのをやめ、友だちのもとに駆け寄り、手を引き、起き上がらせ、2人で一緒に走り出したそうです。

2人の姿を見て、生徒も、父兄も、先生も、大きな声援を送りました。

そして、ゴールの前まできたとき、娘は、その子の背中をポンと押して、その子を先にゴールさせた…というのです。

この話を聞いたとき、私は気がつきました。人生の目的は、競い合ったり、比べ合ったり、争ったりすることでも、頑張ったり努力をしたりして「1位になる」ことでもない。人生の目的は、「喜ばれる存在になること」である。

私は、そのことを長女から教わりました。そして長女は、そのことを教えてくれるために、私たち夫婦の子どもになったのだと思います。

●人生は「何をするか」ではなく、「誰とするか」こそが大切

人生には「折り返し点」があります。

寿命が80歳の人であれば、人生の折り返し点は「40歳」。折り返し点を過ぎて、「人生の半分を越えた」と思える人は、次のことに意識を切り替えてみることをおすすめします。

- 旅をするときは、「どこに行くか」ではなく「誰と行くか」
- 食事をするときは「何を食べるか」ではなく「誰と食べるか」
- 話をするときは「何をしゃべるか」ではなく「誰としゃべるか」

私は「講演会」のほかに、みなさんからのリクエストに応じて、人間や自分の潜在

能力、そのしくみや構造、宇宙の構造、神秘現象、人間の生き方・考え方などについて話し合う「合宿」を行なっていました。合宿に参加するのは、40人ほどでしょうか。

合宿では、「月曜日の夕食はカレーを食べる」と決まっていまして、甘口、中辛、辛口など、さまざまなカレーを買ってきて、ひとつの鍋で煮込みます。

味が混ざり合い、食べてみるまではどんな味になるのか見当がつきませんが、実際に食べてみると、40人の誰ひとり「マズイ」と口にする人はいません。

なぜなら、「よき仲間」と一緒に食べているからです。

同じ価値観を持って、「人の間で生きて幸せ」と思える「よき仲間」と一緒にいれば、それで「天国度100パーセント」。「何を食べるか」は関係ないようです。

●幸せの本質は「ありがとうと言い合える仲間」を見つけること

人生の後半は、「物」や「中身」を選ぶよりも、「人」を選ぶ。「何をするか」ではなく、「誰とするか」を考えてみましょう。

どんなに楽しい場所に出かけたとしても、一緒に行く同伴者が「気の合わない人」だったり、「価値観が違う人」だったり「すぐに不平不満を口にする人」だとしたら、せっかくの旅行も台無しです。

お釈迦さまは、言いました。

「もしも常にこの世を歩んで行くときに、明敏《めいびん》な同伴者を得ることができたならばあらゆる危険困難に打ち克って、こころ喜び、念意をおちつけて、彼とともに歩め」（『ブッダの真理のことば・感興《かんきょう》のことば』〔中村元・訳／岩波書店〕）

「同じ方向を向いて、同じ価値観で生きている仲間」「同じ話題を、同じように笑顔で話せる仲間」「お互いにありがとうと言い合える仲間」を見つけることに、「幸せの本質」があります。

あたたかな人間関係の中で生きていくことが、「天国度100パーセント」なのです。

●頼まれごとをやって、喜ばれる存在になること

前述したように、私には知的障害を抱えた長女がいます。長女を目の前に見て、彼女からいろいろなものを学んできました。その結果として、わかったことがあります。

それは、人間に重要なのは、努力することや頑張ることではなくて、

「喜ばれる存在になること」

だということです。

この子は、いつも優しく、いつもニコニコしていて、まわりの人を楽しく、明るい

気持ちにしてくれます。

この子は、努力も頑張りもしていませんが、「存在する価値」がたくさんある。「人間の本質的な存在価値」が、彼女の中にあるのではないかと思ってきました。

結局、この子が、

「努力することや頑張ることに価値があるのではなく、喜ばれる存在であることが、人間の根源的な価値だ」

ということを私に教えてくれました。それ以来、私は、努力も頑張りもしない方向に、自分を切り替えることができました。

多くの人が、小学校・中学校・高校・大学といった教育システムの中で、「努力しない人間はダメだ」「努力あるのみ」「ひたすら頑張るのみ」という教育を受けています。

そのため、どこかで「努力の心」を持っている。私のように、「努力、頑張りはまったくしていない」と言える人は、少ないのではないでしょうか？

ですが、「努力や頑張りはしない」と踏み切ることができた人は、そのときから、ものすごく「おもしろい人生になる」と思います。

神様や宇宙が見ているのは、目の前の現象を「受け入れているか、受け入れていないか（感謝しているか、感謝していないか）（ありがとうを言っているか、言っていないか）」のようです。

「不平不満・愚痴・泣き言・悪口・文句」といった否定的な言葉で、宇宙の現象を「評価・論評しているか、していないか」だけのようなのです。

このことがわかってしまうと、「努力をしない、受け入れる人生」に変わります。すると、努力も頑張りもしていないのに「勝手に楽しい出来事」が起こりはじめるでしよう。

「あれがほしい」「これがほしい」「あれを実現する」「これを実現する」といった思いを持つのではなくて、「自分がいかに喜ばれる存在になるか?」を考える。

そして、「頼まれごと」を引き受けたら、淡々とやっていく。

「人から喜ばれる存在」になるには、「頼まれごと」を引き受ければいい。自分で汗をかいて、「相手の要望」に応えていけばいい。

そして、相手から「あの人は、頼んだことを一所懸命やってくれるから、また、次も頼もう」「あの人に頼んでよかった、ありがとう」と思ってもらえたとしたら、それこそが、「喜ばれている」ということです。

「気に入らない」とか「嫌だ」と言うのをやめて、「なるほど、そういうふうになりましたか。わかりました」と言って、淡々とやっていくと、神様からたくさんの応援・

支援がいただけるという「構造」になっているようです。

●人生の目的とは?

私は、このように、40年ほど、宇宙のしくみ、構造などに興味を持ち、研究を続けてきましたが、その結果、わかったことがあります。「幸せ」というものは…、

「今、足りないものを探して、手に入れること」ではなくて、「自分がすでにいただいているものに感謝し、自分が恵まれていることに気がつき、嬉しい、楽しい、幸せ…、と生きていること」なのです。そして、そのために実践することは…、

「思いを持たず」、よき仲間からの「頼まれごと」を淡々とやって、どんな問題が起こっても、すべてに「ありがとう」と感謝する(受け入れる)こと。

「そ・わ・かの法則(掃除・笑い・感謝)」を生活の中で実践することであり、「あり

がとう」を口に出して言い、逆に、「不平不満・愚痴・泣き言・悪口・文句」を言わないこと。

すると、神様が味方をしてくれて、すべての問題も出来事も、幸せに感じて、「よき仲間に囲まれる」ことになり、「喜ばれる存在」になる。

これこそが「人生の目的」であり、「幸せの本質」なのです。

小林《こばやし》正観《せいかん》

ありがとうの奇《き》跡《せき》　目次

Miracles of the Word "Arigato"

第1章

「人間関係」がよくなる方法

第2章

「お金」に選ばれる習慣

第3章

「病気」にならない生き方とは

第4章

「子ども」が伸びる子育て

Miracles of the Word "Arigato"

第5章

「喜ばれる存在」が人生の目的

Miracles of the Word "Arigato"

第6章

「ありがとう」は奇跡《きせき》の言葉

Miracles of the Word "Arigato"

第7章

不平不満・悪口・文句を言わない

Miracles of the Word "Arigato"

第8章

「受け入れる」

Miracles of the Word "Arigato"

第9章

「神様」に好かれる習慣

●カバーデザイン／重原 隆
●本文デザイン・DTP／斎藤 充（クロロス）
●編集協力／藤吉 豊（クロロス）
●編集担当／飯沼一洋（ダイヤモンド社）

第1章

Miracles of the Word "Arigato"

「人間関係」がよくなる方法

001

悩みを「5秒」で解決する方法がある

30年間、看護師として働いている女性から、このような質問をされました。

「30年間、ずっと同じ夢を見続けています。どのような夢かというと、『看護師としての資格を持っていないのに、病院で仕事をしている』という夢です。夢の中の私は無資格で、看護師にはふさわしくないのに、なぜか手伝わされています。とてもつらくてしょうがありません。どうしたらこの夢を見なくなるでしょうか」

私は彼女の話を聞いたあとで、こう言いました。


「5秒で治せますが、どうしますか？」


「30年続いている悩みを、5秒で治せるのですか？」

「5秒で治せますが、治りたいですか？」

「治りたいです」

この方は、たまたま本を読んで私のことを知り、この日、はじめて講演会に参加したそうです。

「私の本を読んで、講演会に来て、今、私に質問をしているということは、少なくとも、私のことを嫌ってはいないということですよね？」

「もちろんです」

「もしかすると、私のことを信頼しているかもしれませんね？」

「もちろんです。いろいろな話を聞きたくて、私の苦しみを取ってくれるのではないか、そのヒントをいただけるのではないかと思って来ました」

「私を信頼しているのは本当ですか？」

「はい」

「信頼しているのですね。では、言いますが、あなたは看護師として充分な力があり、充分な資格があり、ちゃんとした人ですよ」

すると、私と彼女のやりとりを聞いていた10人くらいの人が、「すごい」と言って拍手をしました。その後、この女性は、たくさんの涙を流して泣きました。

少し経ってから彼女は泣き止み、清々しい表情を見せてくれました。30年間苦しんでいたものが、本当に「5秒」で取れたらしいのです。

本書を読んでいるあなたが、まわりから好かれていたり、「ほかの人にないものをたくさん持っている」と信頼されているときに、友人から「つらくてしょうがない。どうしたらいいいか？」と相談されたら、こう言ってあげてください。

「私を信頼していますか？　私は人を見る目があると思いますか？」

そして、相手が「はい」と答えたら、続けて、こう言ってください。

「じゃあ、私の言うことが信用できますね。だったら言いますが、あなたはちゃんとした人ですよ。だからこそ、私はあなたを友人にしているんじゃないですか…」

それで終わりです。一緒に頭を抱えて、「この問題は、どうやったら解決できるのかしら…」と、考えていたら、30年たっても40年たっても答えが出ません。

自分を頼ってこられたら、頼られた私を少しだけ偉そうに考えて、一度、「私がこの人を治してあげられるのよ」と思ってみてください。そして、「あなたは、ちゃんとした人です。私がそう言うのだから間違いありません」と言ってあげてください。そうすれば、相手の悩みは、あっという間に、「5秒」で解決できるのです。

002

「徳《とく》」を積む方法とは、相手のラッキーを一緒に喜んであげること

人から「こんなラッキーなことがあったよ」という話を聞いたときに、聞いた側の人間には、「2つの反応」があります。

ひとつは、嫉妬《しっと》したり、妬《ねた》んだりすること。

もうひとつは、「よかったね」と一緒になって喜び、祝福してあげられること。

お釈迦《しゃか》さまは、「随喜功徳《ずいきくどく》」という教えを残しています。

「随喜」とは、「心の底から喜ぶ」「心の底から嬉しいと思う」こと。「功徳」とは、徳《とく》を積むこと（善行を重ねること）です。

つまり、「随喜功徳」とは、「人の喜びや幸せを一緒に喜んであげるだけで、自分が徳を積むことになる」という意味です。

ということは、「今日は、こんな楽しいことがあった」という話を聞いたら、ただひたすら「よかったね」と言っているだけで、「徳」を積み重ねていけるわけです。

さらに、他人の幸せを「我がことのように喜ぶ」ようにすると、嫉妬心を克服することもできます。

「小林正観と行く国内ツアー・海外ツアー」というものを、年に何回か行っておりました。その参加者は、すでに私の講演会を聞いたり、本を読んだりしてくださっている方々だけなので、旅行中、「不平不満・愚痴・泣き言・悪口・文句」を言う人が、ひとりもいません。

旅行の間は、「こんな素敵な景色を見た」「こんなおもしろいことがあった」という「楽しい会話」ばかり。日常の中に喜びを見つける訓練をしている「よき仲間たち」です。

いつも、ほとんど、いきあたりばったりの旅行なので、ときには思い通りにならないことや、予定外のことも起きます。

しかし、誰も文句を言わないし、むしろ「予定通りにいかなかったおかげで、かえっておもしろい体験ができた」と肯定的にとらえています。

添乗員さんに対して威張りたがる人や、自分勝手な行動をする人、飛行機の時間が遅れると苦情を言う人も、ひとりもいません。

「よき仲間」との旅行は、「よかったね」と喜び合うことの連続です。すると、それだけで「徳」を積んでいるわけですから、こんなに、すばらしいことはありません。

そう考えると、「よい旅」とは、どこへ行くかではなく、「誰と行くか」によって決まることがわかります。

「よき仲間」に囲まれていれば、どこへ行っても楽しいし、また同時に、「特別にどこかへ行かなくても楽しい」のです。どこかへ行くから楽しい、のではなくて、「どんなところでも楽しい」のです。

「人生」も旅と一緒ですから、これは、「旅」を「人生」に置き換えても、まったく同じことがいえます。

「喜び合える人間関係（よき仲間）に囲まれて人生を歩んでいける」ならば、淡々と過ぎる普通の日常であっても、充分に幸せを感じられるのではないでしょうか？

003

結婚して「3年」経つと、愛情が別の感情に変化する

どうやら、人間の愛情というのは、結婚してから「3年」でなくなるらしい。

結婚して20年、30年続いている夫婦がいますが、この人たちがどうして長く続いているのかというと、結婚してから3年の間に、「愛情以外の別の概念」をつくり上げることができたからです。

愛情以外の別の概念が何かというと、「尊敬」という概念です。

愛情を永遠のものだと勘違いして、その愛情だけに寄りかかっていると、結婚生活は破綻をきたすらしい。

「いつまでもこの人を愛し続けよう」と思っても、「いつまでもこの人から愛され続けるだろう」と信じていても、生物学的に見ると、愛情は、「結婚後、3年で終わってしまう」ようです。

結婚をすると、普通は「ゴールイン」といわれますが、じつは結婚した瞬間から、

「3年間の執行猶予《しっこうゆうよ》」がはじまります。この執行猶予中に、「愛情以上の価値観＝尊敬」をつくり上げることが「結婚生活」のようです。

では、どうすれば相手を尊敬できるようになるのでしょうか。それは「常に相手のよい面を見つけること」です。

目の前の夫、目の前の妻を、自分の思い通りにつくり変えようとするのではなくて、「相手はこういう個性があって、自分とは違うものを持っているんだ」と、丸ごと全部受け入れる（感謝する）。

そして、相手のすばらしいところ、社会のよいところ、宇宙の楽しさを、自分の中で見出す訓練ができるようになると、あれこれと批判、論評をしなくなり、お互いを認め合うことができるようになります。

小林家では、結婚する前に、こういう話をしました。

「ケンカというものは、売る側がいて、買う側がいるから成り立つ。私は売ることもしないし買うこともしない。だから、そちらも、売ることもしないし買うこともしないと決めてほしいのだが、どうだろうか？」

私も妻も、「売る」と「買う」を慎むようになると、「4つ」のチェックポイントができますから、ケンカが起きにくくなります。

同じ言葉を他人から言われたときは、怒らないで踏み止まることができるのに、同じ言葉を妻（夫）から言われると、すぐに腹を立てる夫（妻）がいます。

外では踏み止まれるのに、家では踏み止まれない（正確に言うと「踏み止まらない」）のは、「幼児性」があるからです。

結婚は、何のために存在するのか。じつは「幼児性を克服するため」に存在しているようです。家庭というものは、自分の思いを通す場所でも、甘える場所でも、ストレスを発散させる場所でもありません。

家庭は「幼児性を削って大人になる作業をする場所」として存在しているらしいのです。結婚をして、わがままが言い合える相手ができた状態になったとき、いかに踏み止まって相手を受け入れるか。それを問われているのが「結婚の本質」のようです。

004

人生相談の98％は、「相手を自分の思い通りにしたい」というもの

私のところへくる人生相談の98％は、「自分の理想や価値観に合わない人を、どうしたらいいか」といった、人間関係に関する相談です。ですが、**こうした質問は、「自分以外の人を、自分の思い通りにしたい」というもので、本質的な「相談ごと」ではないと、私は考えています。**

ある70歳の女性から、次のような質問をいただきました。

「先日、94歳の母が、家を新築しました。母は、新居でひとり暮らしをしています。新築をする際、私は母に、『新しいシステムキッチンを入れたらどうか？』と提案したのですが、母は頑として聞かなくて、20年前の古いキッチンをいまだに使っているんです。母が死んだあとは、私がその家のキッチンを使うことになるので、新しいシステムキッチンを入れてほしかった。どうやって母を説得したらいいでしょうか？」

私が「誰の家ですか？」と尋ねると、彼女は、「母の家です」と答えました。次に私が、「誰がそのキッチンを使っているのですか？」と尋ねると、「母です」と答えました。彼女の返事を聞いたあとで、私は、こう言いました。

「それでは、あなたに関係ないではありませんか」

この女性は、「今までの70年間の人生を振り返ると、ありとあらゆる人間関係が大変だった」そうです。

それはそうでしょう。「どうしたら、自分のまわりの人間を自分の思い通りにできるか」だけを考えながら、「悩みだ」、「苦しみだ」、と騒いできたのですから。

子どもをどうしたいとか、誰かをどうしたいなど、「自分の思い通りにならない人をどうしたらいいか」、という話は、本質的な「相談ごと」ではありません。

講演会のあと、40歳くらいの女性から質問をいただいたことがあります。「叔父《おじ》夫婦が、2人ともガンになってしまいました。叔父は眼科、叔母は内科なので、週にいくつも病院を往復しなくてはいけません。しかも、叔父夫婦は仲が悪く、2人2人は顔を合わせないようにと、あえて別々の病院に通っています。2人はいつも怒鳴り合っているので、穏やかな瞬間がありません。この2人はどう見ても幸せには見えないので、なんとか2人を幸せにしてあげたいんです。私はどうしたらいいでしょうか？」

私の答えは、こうです。

「私に相談にきたあなた自身が、講演会の間も、その後の2次会でも、一度も笑っていませんでしたね？」そして、さらにこう言いました。

「あなたは、今、幸せなんですか？」

するとこの女性は、「いいえ」と答えました。

「では、叔父さん夫婦の幸せを考える前に、まず、自分の幸せを考えましょう」

この女性は、自分が幸せになってもいないのに、叔父夫婦を幸せにしてあげようと思う人でした。**「自分が幸せでないのに、他人の幸せを考えても、その人たちを、より幸せから遠ざけてしまう」かもしれません。**

「自分以外のものを自分の思い通りにする」という考え方を全部やめる。人のことは気にせずに、まず自分が幸せになることを考える。自分以外の人を自分の思い通りにするより、丸ごと受け入れてしまう（起こってきたことに感謝する）ほうが、人生はラクになると思います。

005

2人の相性がわかる「方程式」がある

私は今でも唯物論者《ゆいぶつろん》（現象が「物質的」に現れない限り信じない）ですが、どうも「神様が存在するらしい」という結論に至りました。あるとき、「おかげさま（守護《しゅご》霊《れい》）」から、このような「メッセージ」が下りてきたように感じました。

「誕生日の月と日を足し算、引き算してください。そうすれば『安らぎの相性』がわかります」と。

この方法は、単純に「月と日」を足したり、引いたりすればいいみたいです。引く場合には多い方から少ない方を引く。そして、その数字が出てきたら、小さい順から並べ替えてみると、相性がわかります。

たとえば、私の誕生日は「11月9日」です。足し算をすると「11＋9＝20」で、引き算をすると「11－9＝2」。「20」と「2」を小さい順番で並べると「022」という数字が出てきます。

私の妻の誕生日は「11月11日」です。足し算をすると「22」で、引き算をすると「0」。これを小さい順番で並べると「022」という数字になります。

それから両方の数字を対比させて、相手の持っている数字に○をつけていき、「その割り合い」で相性を判断するのです。

私たち夫婦の場合は、3つ出てきた数字のうち、6分の6、全部に○がつきます。100％でした。小林家は結婚して30年ほど経ちますが、一度も、ケンカをしたことがありません。

この方法で、今まで数百以上の、知人の夫婦の相性を調べてきましたが、「100％の相性」は、小林家以外にもうひとつだけでした。そしてこの家庭も小林家と同じように、「30年間、一度もケンカをしたことがない」そうです。

平均的な夫婦は、「15～20％」くらいでしょう。仮に、30％の相性だとすると、2人の間に、70％の溝があるということです。それを「35％ずつ、お互いに歩みよりなさい」という意味で、2人は一緒になりました。自分の我が強いため、「この相手を選ぶことによって、お互いに我を削り合う」ために結婚することになったわけです。

「おかげさま（守護霊）」のメッセージによると、「安らぎの相性」のほかに「補完関係」もわかるそうです。たとえば夫に「024」が出てきて、妻に「135」が出たとします。するとひとつも数字が重ならないので「安らぎの相性」は「0％」となる。

でも、「012345」と、お互いにない数字を持っています。このような場合には、足りないものを補い合うという関係が出てきているので、2人が力を合わせてビジネスをはじめたりすると、うまくいく可能性が高くなるようです。

同じものを持っている夫婦は安らぎますが、その代わり、あまり成長しません。人間は研ぎあったほうが成長しますから、「成長が必要な夫婦」の場合は補完関係が高く、安らぎが低くなっているらしい。

一方で、「成長する必要がないから、内側で削られるエネルギーを外に向けて使いなさい」というときは、わが家のような「安らぎの相性」の形になります。

私は年間300回以上講演をしていたので、ほとんど家に帰りません。私の妻も仕事を持っていて、忙しい生活をしています。だから、2人が会うと安らぐのですが、同じものを持っているので、補完関係ではなく、お互いに別々の生き方をしています。

結婚をしている人は、計算をしてみるとおもしろいと思います。そうすれば、どうして2人が結婚したかがわかるので、お互いの関係を見直すきっかけになるようです。

006

魅力的な人が集まってくる、「秘密のコツ」がある

ある経営者の方から、こんなことを言われたことがあります。

「正観さんのまわりには、とても楽しい人、おもしろい人、素敵な人が集まっていますが、どうしてでしょうか？」

今まで、あまり人には言ってこなかったのですが、「魅力的な人が集まる理由」について、お話ししたいと思います。

その前に、質問をします。

「日本の主食は何でしょうか」

日本の主食は「米」です。

「西洋の主食は何でしょうか」

西洋の主食は、「パン」です。

「では、お米とパンに、共通していることは何でしょうか」

それは、「味が薄い」ということです。主食の絶対的な条件は、「味が薄い」ことです。**主食の味が薄いと、どんな「おかず」でも引き立ちます。**

人間関係も同じです。人が集まるとき、中心にいる人は「味が薄い」ほうがいい。つまり、「自己主張をしないほうがいい」ということです。

グループの中心に存在する人が自己主張するタイプだと、そのまわりには、「味が薄い人」が多くなります。中心にいる人は、自分と同じように味が濃い人をめざわりに思うので、個性が強かったり、優しさをたくさん持っている人は、中心にいる人から、「あなたは味が濃すぎる」と、はじき出されてしまうのです。

でも、中心にいる人の味が薄いと、まわりには、味が濃い人たちが集まってきます。中心にいる人は味が薄いので、まわりの人をはじき出すことはありません。「あなたはいい味ですね」「あなたはおいしい味ですね」と認め、受け入れます。だから、個性的で、優しさをたくさん持っていて、楽しくて、おもしろくて、素敵な人たちの集団ができ上がるのです。

私は講演会に招かれたり、本を執筆したりしているので、「自己主張したいことがあるから、人前で話をしたり、本を出しているのだろう」と思われているようですが、それは違います。私の話をよく聞いていただくと、私は「自己主張をしていない」ことがわかると思います。

「世の中をこうしよう」「こういうふうに変えよう」という話をしたことはありません。ただ、私が知っている情報を「ご紹介しているだけ」です。

自分が淡々と生きるのはいいのですが、「こういう生き方をすべきだ！」と大声で言いはじめると、まわりが息苦しくなります。

私が中心となって交流会をしているとき、私が途中で出て行っても、私がいるかどうかに関係なく、みんなが楽しそうに騒いでいます。

中心にいる人の個性が強くて、「あの人がいないと話が盛り上がらない」と言われるような場合、そのグループはあまり発展していきません。

自分が志したわけではないのに、たまたまグループの中心になってしまった人は、「味が薄く」なればなるほど、「味の濃い」おもしろい人々が集まってきます。

どうやら、これが、楽しい仲間、いい仲間が集まる「法則」のようです。

007

「私はバカですから…」と言う人の方が、多くの人に好かれる

自分の家や土地をすべて売り払ってお金をつくり、「ボランティア活動」をしていた方がいました。

「すばらしい慈善家がいる」という評判が広まって、全国各地でこの方の「講演会」が開かれたそうです。

あるとき、講演会の中で（おそらく、ちょっとした、はずみだったのでしょうが）、このような話をされたと聞きました。

「今、私の話を聞いているみなさんは、会社があり、社員がいて、預貯金もある。そういうものを全部、売り払って、なぜ私と同じことをしないのですか？」

「困った人のために、自分のできることをやっていきたい」というあたたかい心を持った方でしたが、**自分は「喜ばれる」ように生きているのに、まわりの人は自分勝手に生きているのが、おそらくは、許せなかったのでしょう**。

この発言のあと、会場はシーンと静まりかえったそうです。そして、同じ主催者から、2回目の講演を頼まれることはありませんでした。

人間は、「自分の価値観を人に押し付けないほうがいい」と思います。宇宙には、「相手を変えようという気迫が強いほど、人は離れていく」という法則があるようです。

この方が「自分の真似をしなさい」と強要せずに、「バカなことをやってしまったので、どうぞ笑ってください。私はこういうバカな生き方しかできません。私の真似などしないほうがいいです」と言っていたら、おそらく賛同者が増えたかもしれません。

聖書や仏典などの本を、数日かけて読んで暗記すれば、誰でも、キリストやお釈迦《しゃか》さまが言っていた言葉と、「同じ言葉」を言うことはできるようになるでしょう。けれど、その人が、それだけで「周囲から尊敬されること」はありません。なぜなら、キリストやお釈迦さまとは違って、実際に「実践」をしていないからです。

話が立派だからといって、相手が話を聞いてくれるとはかぎりません。「立派な話をすること」と、「相手が話を聞いてくれること」は、別問題です。

人が耳を傾けるのは、話す側が、「本当に、そう生きているときだけ」です。

そして、本質的なことがわかっていて、実践的に生きている人は、「自分の意見」を押し付けたり、「ああだ、こうだ」とは言わないようです。

たとえば、吉田松陰《よしだしょういん》は、松下村塾《しょうかそんじゅく》で塾生や目下の者に対しても怒ったり怒鳴ったりしたことはほとんどなく、呼び捨てにしたこともなく、すべて「さん」付けで呼んだそうです。いくら能書きが立派でも、家族や、部下や、まわりの人に対する態度の中に、「その人の人格のレベル」は表れているようです。

「あの人の、していることが許せない」という、正義の「敵意」の小さな芽は、誰の心の中にも宿っているでしょう。

けれど、「他人を憎む心そのものが、争いの種になっている」のかもしれません。よき仲間と明るく楽しくいたいのならば、目の前の人に対して「自分と同じように振る舞いなさい」「同じ価値観になりなさい」と強制するのをやめましょう。

他人や世の中をどうするかより、「自分の中の敵意と憎しみをなくし、太陽のように明るく生きていくこと」のほうが、ずっと大切だと、私は思います。

008

自分が「光っている人」になれば、明るい人が集まってくる

おもしろいことに、人に対して「変われ、変われ」と言う人ほど、笑わない、暗い人が多いように思えます。

「世の中のここが悪いじゃないか、ここが暗いじゃないか、ここが理不尽じゃないか」と言っている人ほど、暗くなってきて、笑わない。「暗い社会じゃないか」と言っている人ほど、本人が暗い。社会を勝手に評価・論評し、問題点を指摘している人ほど、「暗くなっている」ように私には見えます。

「世の中を暗い暗いと嘆くより　みずから光ってその闇《やみ》照らせ」

これは、私が、自分自身に言い聞かせている言葉です。

その人が「光」だったら、その人のまわりには闇はないでしょう。論評する暇があったら、まず、自分が「光」になることです。「自分がどう光るか」を考えるといい。

世の中の暗さを指摘して、糾弾《きゅうだん》している人ほど、笑顔がなく、暗さを投げかけているのかもしれません。早くそれに気づくことです。

「光」という文字は、「人」の頭の上から5方向へ、「明かり（火）」が発している様子が元になった象形文字です。

「光」がどういう人の頭から発しているのかというと、「明るい人」の頭から発しています。真っ暗闇の中で「明るい言葉を発する人」と、「愚痴や泣き言ばかり言っている人」を比べてみると、光り方が違います。明るい言葉を言っている人は、頭から光を発しているようです。

ニッコリ笑って「ありがとう」と言うと、ぼうっと、あたりが明るくなったような気がします。

「観光」という言葉があります。この言葉は、海や山のような景勝地《けいしょうち》へ行くときに用いられます。観光の語源は、中国の『易経《えききょう》』といわれていますが、私は「仏像などから出ている光を観る」という意味で用いられていたと考えています。

仏画にはよく「後光《ごこう》」が描かれていますが、昔は仏像の光を観るために、各地の神社や仏閣をまわった人もいたようです。

「光」の元になっているのが、「人」というのは、すごいことです。そして、光を発している人のことを、「明るい」と呼んだ。

古代の人は、「光を発している明るい人」と、「光を吸収する暗い人」を見分けることができたらしい。「陰気な人」のことを「暗い人」と表現したのは、その人が「光」を発していなかったからでしょう。

「嬉しい、楽しい、幸せ、大好き、ありがとう、愛してる、ツイてる」という肯定的な言葉を口にしている人は、その人がそこにいるだけで、光を発するので「明るい」。

そしてその光は、暗い人を照らして明るくするのです。

「光」とは、「人」が光ることによって、まわりの人や環境を、明るく照らしてあげることです。光を発している人のまわりには「明るい人」が集まり、明るさを宇宙に投げかけているようです。

第2章

Miracles of the Word "Arigato"

「お金」に選ばれる習慣

009

「トイレ掃除」を楽しんですると、なぜか、お金に困らなくなる

「トイレ掃除をすると、なぜかお金に困らなくなるらしい」という宇宙法則があり、「トイレ掃除をはじめたら臨時収入があった」という事例がいくつも報告されています。「身に覚えのない100万円がタンスから出てきた」「身に覚えのない銀行口座が見つかり、800万円入っていた」など、「身に覚えのない大金」が出てきたと報告してくれた人が、何人もいました。

世のため、人のために喜ばれる存在として生きている人には、どうやら本当に困ったときに「お金が湧《わ》いてくる」ことがあるようです。

どうして「トイレ掃除」が宇宙法則と結びついているのか、ずっと考えていましたが、ようやくそのメカニズムがわかってきたように思います。

「宇宙」は、「あらゆる情報やエネルギーが蓄えられているダム」であり、私たちは、「そのエネルギーを通す管《くだ》」にたとえることができるようです。

ダムには、お金を含め、たくさんのエネルギーがあるのですから、あとは流してあげるだけでいい。

けれど、管の中にゴミが溜まっていると、せっかくの流れが止まってしまいます。お金も「エネルギーの一部」です。ところが、お金を自分の贅沢のために使ったり、ギャンブルに使ったり、貯め込んだり、「ああしたい、こうしたい」「ああなりたい、こうなりたい」「あれがほしい、これがほしい」といった「自我《じが》」を持ちはじめたとたん、この「自我」がゴミとなり、管を詰まらせ、「エネルギー（お金）」の流れを悪くするみたいなのです。

では、溜まった「自我」をなくすには、どうしたらいいのか。

その一番の方法が、「トイレ掃除をすること」のようなのです。

「トイレ掃除」をすると、自我が溜まらなくなります。すると、エネルギーの流れがよくなって、お金にも困らなくなるようです。

たとえ、お金が入ってきても、そのお金を自分の中に貯め込んではいけません。

お金は「喜んでもらうため」に使うこと。すると、お金はどんどん入ってくるよう

になっているようです。

「トイレ掃除をすると、お金に困らないみたいだ。経済的な心配がある人は、トイレ掃除をするといいみたいだ」と私がお話をしたあとで、「半年間トイレ掃除をしているのに、臨時収入がありません。どうしてですか？」と質問をしてきた人がいます。

ようするにこの人は、神様に対して、「トイレ掃除をしているのだから、お金をください」「自分にだけ臨時収入がないのはおかしい」と不平不満を言っているのです。

神様であれば、「この人が半年後に不満を言いはじめること」を見抜いていますから、「エネルギーの一部（お金）」を流そうとはしないでしょう。

けれど、「トイレ掃除を楽しんでやっている人」のところには、「そんなに楽しいのなら、もっと楽しくさせてあげよう」と考え、お金を流してくれるようなのです。

私たちは、ただ、宇宙とつながればいい。そして宇宙とつながるためには、人がやりたがらない「トイレ掃除」がもっとも効率がいいようです。

010

お金に「仲間を連れて、あの人のところに戻りたい」と思ってもらう方法がある

こういうおもしろいお話があります。

神戸に何千坪という大邸宅を構えている方がいらっしゃいます。この方は、50年間、「同じこと」をやり続けたそうです。

それは、特別なことではありません。自分のうちに来た「1万円札」「5千円札」「千円札」に対して、

「今度帰ってくるときは、仲間をたくさん連れて帰ってくるんだよ」と言い聞かせること

でした。すると、本当に、「お金の仲間をたくさん連れて帰ったきた」そうです。

その方は、「お金そのものに罪はないのに、お金を嫌っている人が多い気がします」とおっしゃっていました。

日本は、お金に関する教育が乏しいですし、テレビでは「脱税」や「詐欺」といっ

たお金にまつわるニュースがたくさん流れていますから、「お金は汚いもの」「お金を稼ぐ人は卑《いや》しい人」というイメージが強くなっているのかもしれません。

ですが、集め方が汚いとか、使い方が汚いことはあっても、お金そのものが「汚い」わけではありません。

「自分の身を律して、お金の使い方や集め方を美しくするのはいいけれど、お金そのものを毛嫌いしたり、汚いものと考える必要はない」というのが、この方の意見です。

この方は、親しみと愛情を込めて、

「いい仲間を連れてくるんだよ〜！　たくさん仲間を連れて帰ってくるんだよ〜！」

とお札に声をかけています。この声かけを50年続けていたら、大邸宅に住めるほど、お金に困らなくなっていたそうです。

私の本業は「旅行作家」ですが、２００１年からは、デザイナーとして、商品のデザインやコンセプトを考えています。

「SKP（正観・小林・プレゼンツ）」という私のブランドも持っています。「冗談」ではじめたブランドですが、本気になって「冗談」を楽しんでいます。

私がつくった財布には、「たくさんの仲間を呼んでくれてありがとう・おはよう・おかえり」と書いてあります。お札を入れるところにも「ありがとう」の文字がびっしり書いてあります。

「たくさんの仲間を呼んでくれてありがとう」と書いてあるので、「本当にたくさんの仲間を呼んでくれた」と言われることが、よくあります。

この財布をつくっているのは、経済的な問題からではありません。「おもしろいから」です。この財布をつくっていると、嬉しくて楽しいからやっているだけです。

ものには、どうやら意識があるようです。**そう考えると、「お金にあたたかい言葉をかけてくれる人」と「お金なんか汚いものだと思っている人」の、どちらのところに、お金は戻りたいでしょうか？**

お金は「あたたかい言葉をかけてくれる人」のところに戻りたいと思うようです。

011

「ツイてる」と考えている人は、一生、お金に困らないらしい

「銀座まるかん」の創設者、斎藤一人《ひとり》さんは、1994年以来、「全国高額納税者番付（長者番付）」の「総合10位以内」に連続でランクインし、2003年には、累計納税額で日本一（すべて事業所得によるもの）になっていると聞きました。

ずいぶん前になりますが、国道沿いの食堂で手にした雑誌に、斎藤一人さんの「インタビュー記事」が掲載されていました。

斎藤一人さんは、「自分はとってもツイている」と考える人物であり、たとえば、頭上から鉢植えが落っこちてきて足の甲を骨折しても「ツイている」と思えたタイプの人間なのだそうです。

骨折しているのに、なぜツイているのでしょう？　普通の人なら、「ツイてない」と思うところです。

斎藤一人さんは、こう考えるそうです。

「あと30センチずれていたら頭を直撃し、死んでいたかもしれない。だから足に落ちた自分はツイてる」

もし、朝、家を出るときに「下駄の鼻緒」が切れたとしたら「不吉だ」と思う人は多いでしょう。

けれど斎藤一人さんは「家を出る前だから、鼻緒をすげかえることも、靴に履き替えることもできるので、今、切れてよかった。ツイてる」と考えるそうです。

「そういうふうに自分は何でもツイてると考えるタイプなので、これからもきっとツイている」というのです。

この「考え方」は、松下《まつした》幸之助《こうのすけ》さんと似ており、しかも2人とも日本で有数の経営者になっています。

私も、同じように考えるタイプです。どこにも勤めたことがなく、お給料をもらったことがないのに、一度も、お金に困ったことがありません。

私たちは、「幸運な時代」に命をもらっています。

なぜなら、松下幸之助さんが「ツイてる」と言いながら生きてきたこと、そして斎藤一人さんが「ツイてる」と言いながら生きてきたこと、その両方を同じ時代に知り、2人の「共通性」を見ることができるからです。

2人はともに、「幸せの本質」として、「不幸はない」という意味合いのことを言っています。いかなる状況でさえ「ツイている」「恵まれている」ととらえていました。

お金に執着《しゅうちゃく》があったわけではないけれど「ツイている」と感謝した結果として、標準的な人よりも裕福になっていたわけです。

2人の共通性の中に、お金に関する「宇宙の法則」があるようです。

そして誰であれ、その「法則」を使いこなせれば、生涯、お金に困らないのかもしれません。

012

神様は、「宝くじが当たる人」を選んでいるらしい

ずいぶん以前の話ですが、ある計算によると、「1億円以上の宝くじ」は、「1000万本に1本当たる」という確率だそうです。

ところが、ある年に、佐賀県だけは、2倍の確率だったと聞きました。どうして佐賀県にかぎって、確率が高かったのでしょうか?

当時、テレビ番組に出ていた「宝くじ研究家」が言っていたそうなのですが、その理由は、「この年は、佐賀県がツイていたから」だそうです。

佐賀県のことを歌った歌がヒットしたのも、偶然ではないような気がします。**47都道府県のうち、佐賀県が脚光を浴びることになったのは、「ツイていた」からだと思います。**

佐賀県の高島《たかしま》という小さな島に、「宝当神社《ほうとうじんじゃ》」があります。近年、島の有志で「この神社を中心として島おこしをしよう」ということになりました。神社の「宝当」の文字にあやかって「宝くじが当たる神社」という触れ込みで、「PR」したところ、全国からたくさんの人が来るようになったそうです。

この島おこし計画にあたって、島のおばあちゃんたちが手づくりをしたお土産である「宝当袋《ほうとうぶくろ》」を売ろうということになりました。宝当神社に行く前に、事前に「宝当袋」のお土産を買って、その袋の中に、買った宝くじを入れて、宝当神社にお参りをすると、ご利益がありますよ、というわけです。

ところが、宝当袋を縫っていたおばあちゃん2人が、せっかくだからと買った宝くじが、なんと10万円、当たりました。わずか人口３００人の島で。

このことがあってから、宝当神社のご利益は、さらに全国に広まり、お参りをした人の中からも当選者が出て、「宝くじが当たる神社」として一躍有名になりました。

現在では、高島を訪れる観光客は、年間20万人。佐賀県の宝くじ売り場には、行列ができるといいます。取材に来たテレビ局が行列に並ぶ人たちに「どちらからおいでですか？」と尋ねると、「熊本県です」「大分県です」と、県外からやって来た人たちも、非常に多いとのことです。

この話のポイントは、「高島を訪れた人が、幸せになってくれますように」と、心を込めて袋を縫っていたおばあちゃんに、10万円が当たったということでしょう。

高島のおばあちゃんたちは、自分に幸運が舞い込みますように、と思って縫っていたわけではないと思います。「人の幸せを願っていたら、自分が先に幸せになってしまった」と、とらえることができるでしょう。

別の見方をすれば、宝くじは、自分のためにお金を使うことしか考えていない人には当たりにくいようだ…、ということかもしれません。

宝くじは、偶然に当たるのではなく、「ある意志」が働いているのかもしれません。他人の幸せを願う気持ちを持っている人にだけ、お金が運ばれてくるしくみらしい。

宝くじが当たった場合は、自分のエゴを満たすためでなく、「喜ばれる」ように使う決意をすることです。「自分のために使うのでなければ、当たってもつまらない」と思っている人には、宝くじは当たらないと思います。

自分の生き方の問題として、「喜ばれる存在」になるという決心ができた人には、どうも、必要なだけのお金がくるようになっているようです。

013

2000人の大金持ちから学んだ、「お金持ちになる秘訣」がある

20年かけて、2000人の大金持ちを訪ね歩いたジャーナリストがいます。このジャーナリストが、彼らから学んだ「お金持ちの秘訣」は、次のようなものでした。

「今、たくさんお金を持っている人、いわゆるお金持ちの人は、宇宙に向かって投げかけたサービスの総量が膨大だ。とくに若いときに、宇宙に向かってものすごいサービスを、膨大に投げかけている」

お金持ちになった2000人の中で、「給料がこれくらいだから、この給料の分だけ働けばいい」とか、「どうして、こんなに働いているのに、給料が安いのだろう」と文句を言っていた人は、皆無だったそうです。

お金持ちになった人は、もらっている給料の何倍も働いて、宇宙に向かって投げかける量がものすごく多かった。嫌々働いていた人は、ひとりもいませんでした。

宇宙には、「今までに投げかけたサービスの総量が、報酬（お金）となって戻ってくる」という「法則」があるみたいです。

収入がなくてもいいから、自分が楽しくて、おもしろくて、幸せだと思えることや、食事をしたりトイレに行く時間も惜しいほど「やっていたい」と思えるものを見つけたら、それを一所懸命にやる。

そうすると、宇宙に向けて投げかけるものが膨大になります。**給料の何倍も働いているる人は、投げかけたサービスが膨大な「宇宙預金」となって積み立てられていて、この膨大な預金が、やがて、報酬となって自分に降り注いでくるようなのです。**

私は今まで、経済的には困らない状態で、いろいろなものを宇宙や神様からいただいてきたと思います。「これはなぜだろう?」と思って、考えてみました。

私は、今までに数万人の人相・手相を観たのですが、その3分の2の人から、「人生相談」を受けてきました。それも、報酬《ほうしゅう》をいただいていません。

自分で宿泊費を払って、そこに泊まって、相談を受けていました。毎日、朝の5時、6時まで人相・手相を観て、1日に、3〜4時間しか睡眠をとっていませんでした。ですが、「不平不満・愚痴・泣き言・悪口・文句」を言ったことはありません。

よく考えてみたら、私は、過去に、ずっとこのような生活をしていました。ものすごくハードな日々を送り続けてきた気がします。その投げかけたサービスの総量は、膨大なものだったはずです。

私がお金に困らなくなったのは、今、その結果を「お金」としていただいているからかもしれません。

大切なのは、「自分が投げかけたものに対して、お返しは求めない」ということです。投げかけた総量について、「これだけのものを投げかけたのだから、これだけのものを返してくれ」と言うと、返ってきません。ただ、ひたすら投げかけるだけに徹したほうがいいみたいです。

この「法則」がわかったら、今日からお金持ちになることができるかもしれません。とにかく、ひたすら「投げかけること」をおすすめいたします。

014

その人の金運は、「食生活」によって決まる

大学2年生のとき、スーパーマーケットを経営していた父親から、「店を継がないなら出て行け」と言われた私は、「はい、わかりました」と言って家を出て、「ひとり暮らし」をはじめました。

親から「帰ってきなさい」「元気か」といった連絡はまったくありませんでしたが、それでも私は、親に泣きついたことはありませんでした。全国を旅して「旅の原稿」を出版社や新聞社に寄稿し、その「原稿料」で生活したのです。

私が大学のときに、当時、必要だった生活費は、「1カ月に3万円」ほどでした。

実家から出て大学を卒業するまで、3万円の生活費を引き出しに行くのに、お金が足りなかったことは一度もありません。

銀行にいくら残っているかについては関心がなくて、どんなに残高があろうがなかろうが、「毎月3万円」で生活をしていました。

自分の生活がきちんとできていれば、お金がいくらあっても、あるいはなくても、同じです。だから私には、貧乏という概念も、お金持ちという概念もありません。「銀行預金」にいくら残っていようが関係なく、自分の生活をいつも同じように維持していました。

江戸時代に水野《みずの》南北《なんぼく》という人がいました。日本一の観相家《かんそうか》といわれ、「節食開運説《せっしょくかいうんせつ》」を唱えた人物です。

水野南北は、髪結《かみゆ》いで3年働いて人相を研究し、銭湯《せんとう》で3年働いて人の体型を調べ、火葬場で3年働いて死者の骨相を観察して、「南北相法《なんぼくそうほう》」を完成させました。

水野南北が観相学を勉強した結論として、次のようなことに気がついたそうです。

「人相が貧相である、家相が悪い、墓相が悪い、手相も悪い、そういう人であっても、非常に興隆《こうりゅう》で、上がっていく人、非常に幸運の人がいる。反対に、人相も家相も手相も墓相もよいのに、どんどん落ち込んでいく人がいる。つまり、人相・手相・家相・墓相は絶対ではなく、例外が必ずある。その例外というのは、**『入ってきた金額によって、食べるものを変える人はダメになる』ということだ」**

お金が入ってくると贅沢華美《ぜいたくかび》な食事になる人は、落ちて衰運《すいうん》になっていくそうです。

逆に、貧相な人相・手相・家相・墓相であっても、生活態度や食べるものが変わらない人は、上がっていくそうです。

水野南北はひどい凶相で、短命の相の持ち主であり、長生きしたり成功する相などは持ち合わせていなかったそうです。しかし、食を慎んだことで運が開け、健康のまま78歳まで生きて、大きな財を成したといわれています。

水野南北は、こう言い置いて死んでいきました。

「万にひとつの誤りもなし。私は死ぬ前についに万物の宇宙法則を発見した」

彼が発見した宇宙法則は、「どんな悪相であっても、食を制限すれば開運できる」というものでした。

どうやら、お金持ちになりたかったら、「贅沢華美な食生活」は、やめたほうがいいみたいです。

015

「ノルマ」をなくした方が、ずっと会社は儲かる

「会社を倒産させない方法」をお教えします。

それは、倒産しそうになったとき、社員が自分の預貯金を持ってきて、支えてくれるような会社をつくることです。

でも、普段から、「ノルマ、ノルマ（目標、目標）」と、社員にノルマを課している会社では、社員は支えてくれないようです。

社長の多くは、「お客様は神様だ。お客様に笑顔を向けなさい」と言って、「お客様に喜ばれること」ばかり考えています。けれど、**自分の一番身近である「社員」から喜ばれる存在になるのが、「経営の第一歩」のはずです。**

社員にノルマを課しておきながら、その向こうにいる「お客様に笑顔を向けなさい」というのは、無理な話です。

だから、「ノルマ（目標）」は定めないほうがいい。「ノルマを課したほうがやる気が出る」という考えは間違っています。ノルマを課せられても、人はやる気になりません。

私の話を聞いて、「さっそく明日から、ノルマをなくします」と言った社長がいました。その会社の売上は年間40億円でしたが、ノルマをやめた半年後には、80億円になったそうです。

ノルマをなくして、社員が楽しみながら仕事ができる環境を整えたら、結果として80億円になっていたのです。

私がその会社に行くと、社員の方々が「お菓子をどうぞ。コーヒーをどうぞ。くだものをどうぞ」と、あたたかくもてなしてくれました。

私が「なぜ、こんなにも私によくしてくれるのですか？」と聞くと、このような答えが返ってきました。

「小林さんがいらしたあとは、社長も専務もとてもやさしい人になるんです。でも、2週間くらいしか続きませんが（笑）」

また、このような話を聞きました。アメリカのある航空会社は、社員への待遇がよくて、会社の利益をできるだけ社員に還元していたそうです。福利厚生も充実していて、社員の多くが「とても居心地がいい会社だ」と感じているとのことです。

多くの会社が「顧客こそが第一」と考えるなか、「社員の満足が第一」と考え、「社員が満足してこそ、顧客へのよいサービスができる」という方針で、社員の給与水準も高いのに、ほかの航空会社が「不況による解雇」を行うような状況になっても、「解雇」も「減給」もしない方針を取っていると聞きました。

この航空会社が利益を伸ばしているのは、社員が会社のサポーターになっているからだと思います。

社員が、「この会社にいたら、とてもいい思いができる」と思える状態になったら、会社が倒産しないように、社員は一所懸命働くのではないでしょうか。

016

儲かっているお店、儲かっている人には「ある共通項」がある

流行っている飲食店を30くらい書き出して「共通項」を考えていたら、とてもおもしろいことに気がつきました。

たとえば、中華料理店に4人のお客様が順番に入ってきたとします。

そして、1番目のお客様がラーメンを頼んで、2番目のお客様がチャーハンを頼んで、3番目のお客様が焼きそばを頼んで、4番目のお客様がラーメンを頼んだとしましょう。

このとき、2番目のお客様と3番目のお客様を抜かして、4番目のお客様のラーメンを、「1番目のお客様と一緒につくって出すとき」があります。

すると、**2番目と3番目のお客様は、自分たちが先に入ってきたのに、4番目のラーメンが目の前を運ばれていくのを見ることになります。**

お店としては、チャーハンと焼きそばをあとにして「2杯分のラーメン」をつくったほうが効率的です。

ですが、このようなお店は、「不誠実」です。

不誠実なお店は、繁盛店になりにくいと思います。なぜなら、お客様の都合ではなく、「自分の都合」で商売をしているからです。

一方、流行っているお店は、どんなに面倒でも、「順番通り」に出します。そういう商売をやっている人を、「誠実」といいます。誠実な商売をやっている店は流行り続けますが、不誠実な店は流行らなくなっていく、というのが「宇宙法則」のようです。

「8月のお盆がくるのが嫌だ」という話をされた方がいました。「8月は、めちゃくちゃ忙しくて寝る暇もない。でも、1年分の稼ぎがそこに集中する」そうです。私は、その人にこう尋ねました。

「では、あなたは、8月のお盆になっても仕事がこないこと、仕事が殺到しないことを望んでいるのですね」

その方は、しばらく考えてからこう答えました。

「いいえ、8月の仕事がこなくなると困ります」

1年分の稼ぎがそこで上がってくるのですから、8月に仕事が殺到しないと困るのは当然なはずです。

「忙しくて嫌になってしまいます」という言葉を、宇宙に向かって言っていると、神様はそれを聞いて、

「忙しくないのが好きなのだったら、忙しくないようにしてあげます」

と考え、その通りにしてくださるようです。

ある時期にたくさん仕事があって楽しくやっていたのに、いつの間にか仕事がなくなって売上が上がらなくなった、という人には「ある共通項」があります。

それは、「忙しいときに、愚痴や泣き言をさんざん言っていた」ということです。神様は愚痴や泣き言をすべて聞いていて、

「あなたは、忙しくないことを望んでいるのですね。そうですか、わかりました」

と言って、仕事も売上も取り上げてしまうようです。

だから、「忙しいことが、どれほど嬉しくて楽しいことか」ということをきちんと理解したうえで、誠実に仕事をしたほうがよさそうです。

第3章

Miracles of the Word “Arigato”

「病気」にならない生き方とは

017

「嬉しい・楽しい・幸せ・愛してる・大好き・ありがとう・ツイてる」と言い続けると、うつ状態が改善されるらしい人間は、「つらい、悲しい、つまらない、嫌いだ、疲れた、恨み言葉、憎しみ言葉」のような、「不平不満・愚痴・泣き言・悪口・文句」を毎日言ったり、浴びたりしていると、ストレスで心身ともにダメージを受けてしまうようです。

健康な人でも、「肯定的な言葉」を一切言わないで、「否定的な言葉」だけを使っている（あるいは浴びている）と、３ヵ月ほどで精神的に落ち込んでしまうことがあります。

ということは、見方を変えると、**「嬉しい・楽しい・幸せ・愛してる・大好き・ありがとう・ツイてる」という肯定的な言葉（私はこの７つの言葉を、七《しち》福《ふく》神《じん》ならぬ「祝《しゅく》福《ふく》神《じん》」と名づけました）だけを言い続け、否定的な言葉に触れないでいると、３ヵ月ほどで元気になるのではないか、と考えました。**

ある日の講演会でこの仮説を紹介したところ、講演会の終了後に、ひとりの女性が私に話しかけてきました。

「私は、10年間、『うつ状態』なのですが、嬉しい、楽しいとか、幸せなどという言葉は出てこないし、いくらそういう言葉がよいと言われたって、気分的に言える状況ではありません。笑っている人がいると、その笑顔を見たくありません。笑い声がすると耳をふさぎます。私みたいな人間はどうしたらいいのですか？」

私は、次のようにお答えしました。

「私は、あなたの悩みに対して、ああすればいい、こうすればいいという懇切丁寧なアドバイスはしません。そんなつもりで講演をしているのではないからです。今まであなたは、病院の先生を頼って、先生や薬があなたを治してくれると思っていた。でも、治らなかったわけですよね」

彼女は黙ってうなずきました。

「私の話は、『何かが、うつ状態を治してくれる』という話ではありません。何者かが、人を幸せにしてくれるという話でもありません。『あなた自身』がうつ状態を治せるかもしれないという話をしました。治りたいのなら、本人がやってみる。それだけです」

その方は、「そうですか」とだけ言って、無表情のまま帰っていきました。

1週間後、私が兵庫県宍粟市《しそうし》で仲間と合宿をしていたとき、彼女から電話がかかってきました。

「先日、講演会の後にお話をさせていただいた者ですが、覚えていますか？」

と言うので「覚えています」と答えると、彼女は電話口で、こう言いました。

「あれから、『嬉しい・楽しい・幸せ・愛してる・大好き・ありがとう・ツイてる』を3000回言ってみました。すると、1週間で、うつ状態が治ったんです」

私はこの事実に驚きました。しかも翌日、彼女は、私が滞在中の宿に遊びに来て、合宿中のメンバー15人と、夜中まで、楽しそうにおしゃべりをして過ごしたのです。

この15人の中に彼女の知り合いはひとりもいません。それなのに、合宿に途中参加して笑顔を見せ続けた彼女を見て、私は本当に、うつ状態が治ったのだと思いました。

その宿に居合わせた誰もが「彼女が、うつ状態だったなんて、信じられない」と言ったほど、彼女は元気になっていたのです。

毎日、「嬉しい・楽しい・幸せ・愛してる・大好き・ありがとう・ツイてる」と言い続けていると、どうやら、それを言う人も、聞く人も、どちらも、どんどん元気になっていくようです。

018

やせるための「魔法の言葉」がある

どうやら、「生きることに対する執着《しゅうちゃく》」が強ければ強い人ほど、体にたくさんの脂肪を持っているらしく、執着が強い人ほど太るのが、「宇宙の法則」らしいのです。

お釈迦《しゃか》さまも、キリストも、ソクラテスも、プラトンも、ほとんど脂肪を持っていませんでした。執着が少ない人は、脂肪も少ないらしい。「いつ死んでもいい」と思っている人は、太らないみたいです。だから、太りたくない人は、「あれがほしい、これがほしい」「ああしたい、こうしたい」という執着を捨てるといいのかもしれません。

また、「何も考えていない人」も、太るらしい。もし、「ちょっと太り気味かな」と思っている人は、毎日いろいろなことを考えてみるとよいかもしれません。いろいろなことを考えていると、細くなるようです。考えるといっても、「あのお店はトイレットペーパーが3円安い」といった日常の些末《さまつ》なことではなくて、「私は何のために生を受けたのか」といった「フィロソフィー（哲学）」について考える。

フィロソフィーの語源は、ギリシャ語で「智《ち》を愛する（考える）」という意味です。執着がなくなると、体の肉がそぎ落とされるようです。哲学者で太っていた人は、あまりいません。

やせるための「魔法の言葉」があります。

「私、いくら食べても、太らないよね」

と言っていると、言葉のとおり太りませんが、やせることもないようです。

「私、食べれば食べるほど、○キロまで、やせちゃうのよね」

と言っていると、食べても食べても○キロまでやせていくという報告が、私のところに寄せられて来ています。おもしろいことに人間の体は、そういう構造になっているらしいのです。

やせるために食事の回数を1食に減らす人がいますが、食べる回数を減らしたところで、必ずしもやせるわけではないみたいです。どうしてかと言うと、体が、「今度はいつ栄養がくるかわからないから、たくさん溜め込まないといけない」と思ってしまうからです。そして、1回に食べる量が増えてしまいます。

反対に、1日に5食も6食も食べる人は、いつでも体の中に栄養が入ってくるから、「そんなに多く体の中に溜め込まなくてもいい。食事をする回数が多いのだから、1回の食事の量を減らしても大丈夫だ」と思うみたいです。何回かに分けて食べている場合は、１回に栄養を溜め込む量も少なくてすみます。

つまり、体には「２通りのセットができる」ということです。１回の食事にした結果として、太ることもできるし、やせることもできる、同じ食事の回数であっても、太るように食べることもできれば、やせるように食べることもできるようです。

５回の食事にして、その結果、高栄養・高カロリーになって太ることもありますが、食べる回数、食べる量が多いほどやせる、というプログラムも人間の中につくれそうです。

ようするに「わざわざ栄養を蓄える必要がない」という方向に、自分の頭を切り替えていると、食べれば食べるほどやせてしまうようなのです。

「自分の体の中に溜め込まなくていいのだから、安心して体はやせてかまいません。その分、私は食べられるだけ食べてあげます」

と体に言い聞かせる。そうすると、食べれば食べるほどやせていくようです。

このことがわかったら、「ダイエット教室」に行く必要はなくなるかもしれません。

019

肉体的、精神的に「あたたかい人」は、ガンになりにくいらしい

じつは、健康な人の体内にも、1日、数千個ほどのガン細胞が発生していて、ストレスが引き金となって増えるそうです。

そして、ガン細胞の増殖を防いでいるのが、「NK細胞（ナチュラルキラー細胞）」です。

NK細胞は、医療研究者によって「笑ったときに活性化される」ことが報告されています。

ということは、くだらないダジャレでも笑える「あたたかい人」は、ガン細胞が宿りにくいという構造になっていると推測できます。

50年間、近代医療に携わってきたある医師は、こう言います。

「どうしたらガンになり、どうしたらガンが治るのか、その因果関係はいまだに判明しない。けれど、50年間たくさんの患者を診てきて、おぼろげに浮かび上がってきたことがひとつある。ガンになりにくい人や、ガンになっても治ってしまう人は、穏やかで、和やかで、あたたかい雰囲気に包まれているようだ」

「穏やかで、和やかで、あたたかい雰囲気」をつくるには、まず自分自身が「笑顔になる」ことです。それも、「おもしろいことがないときでも、いつも笑う」「なんでもいいから、とにかく笑う」ようにするのです。

どんなときも「笑顔」を絶やさなければ、リラックスして、NK細胞が活性化すると考えられています。

また、「ガン細胞は、体温が高いと増殖しにくい」という説もあるようです。

ときおり、私の講演会の最中に、一度も笑わない方々がいらっしゃいます。私としては笑ってくれなくてもかまいませんが、「笑ったほうが自分にとって得だ」ということに気づいたほうがいいと思います。

笑わない人は、心が冷たいのかもしれません。

ジョークやシャレを聞いても笑えない人は、自分に浴びせられる善意や好意を受け入れられずに、体を壊していきやすいでしょう。

一方、くだらないダジャレに笑えるのは、その人の心が「あたたかいから」です。「あたたかい人」は、ガンやうつ状態になりにくいと考えることができます。

結論として、肉体的にあたたかく、なおかつ、精神的にもあたたかいほうがいい。どうやら、私たちの体の中には、「あたたかい人になると、体が壊れにくい」というプログラムが入っているようなのです。

020

「人間のDNAは99・9%同じ」なので、ある感情を持つと、近くの人に影響を与える

同じ「音叉《おんさ》（特定の音の高さを発する2叉の道具）」を2つ用意して、片方の音を鳴らします。すると、もう片方には触れてもいないのに、音が鳴りはじめます。これを「共鳴《きょうめい》」といいます。私は、人の感情も共鳴すると考えています。組成構造が似たものは、一方がある感情を持って振動すると、近くにいるものすべてに影響を与えます。

「人間のＤＮＡは、99・9％は、ほかの人と共通している」といわれています。自分と他人のＤＮＡを比較すると、0・1％の違いしかありません。人間は、99・9％遺伝子が一緒なのですから、「ほぼ同じ組成構造」と考えてもいいでしょう。

ということは、楽しそうに笑っている人がいたら、その隣にいる人も、ものすごく元気になって楽しく幸せになるのではないでしょうか。

もし、少し体調が悪いとか、疲れ気味という人がいたとして、両隣の人が、本当に心を込めて嬉しそうに「嬉しい」「楽しい」と言ったとすると、真ん中の人も元気になるかもしれません。

でも、「嬉しい・楽しい・幸せ・愛してる・大好き・ありがとう・ツイてる（祝福《しゅくふく》神《じん》）」という言葉を言い続けていたのに、病気で亡くなってしまうことがあります。

「祝福神」を口にしているのに、「元気にならない人」には、ある「共通項」が見られることがあります。それは、「家族の中に、心配性の人がいた」ということです。

病気をしている人のまわりに、「心配ばかりしている人」「悪いことばかりを考えている人」がいると、共鳴が起こって、どんどん悪くなってしまうことがあるようです。

逆に、本人が「苦しい」「つらい」と愚痴を言っていても、家族やまわりの人が「大丈夫、大丈夫、なんでもないよ」と声をかけていると、本人は「そうかな」と思いながら、どんどん元気になってしまう、という事例が、私のところに報告されています。

私は「幸せ4万%」で生きています。私は、たくさんの講演会に招かれていますが、みなさんに「何かを伝えたい」とか、「このように生きてください」「お願いだから幸せになってください」と思ったことは、なんと一度もありません。

仮に私が、「幸せにしてあげたい」と思ったとしたら、それは、「あなた方は幸せじゃない」と言っているのと同じです。だから私は、「幸せになってもらいたい」とは思っていません。自分自身が幸せなので、幸せを噛み締めながら生きているだけです。

なぜ、私の2時間の講演会の「ほとんどがダジャレ」かというと、何か大切なことを伝える必要はないからです。ただ、笑ってもらえればいい。もっと言えば、私自身が笑われていればいいのです。

私自身が、「人生を楽しんで、幸せに思っている」ことが、会場に自然に伝われば、なにも話さなくてもいい。でも、「間がもたない」から話しています。そして、みなさんは、私を見て笑っていればいいのです。

「今、自分の家族に元気のない人がいる。病気の人がいる。引きこもりの人がいる。うつ状態の人がいる。そういう人をどうしたら治してあげられるでしょうか？」という相談をたくさんいただきます。

その人をどうこうする必要はなくて、「自分がどう生きるかだけ」を考えればいい。

家族は、ＤＮＡの構造が、さらに一致しているのですから、「私」が元気に楽しく幸せに明るく生きていれば、家族もどんどん元気になることでしょう。

どうやら、家族の中に、「楽しくて、幸せで、ニコニコしていて、『今、こういうふうに丈夫に幸せに生きていられることは、本当にありがたいね』と宇宙に向って感謝をしている人」がいれば、ほかの家族も、どんどん元気になっていくみたいです。

021

「人に何かをしてあげる」と、体の痛みは軽くなるらしい

講演会後の2次会で、全身リウマチの方（Aさん）が私の隣に座ったことがあります。私はこの方に、「人に何かをやってあげたことはありますか？」と聞きました。

すると彼は、こう答えました。

「体がこういう状態なので、人に何かをやってあげたことはほとんどありません」

彼は35歳で、5年前に症状が出て以来、家族にわがままを言い続けていたそうです。

ある施療院に通った方から、おもしろい話を聞いたことがあります。

リウマチの痛みに耐えかねて診察に行くと、先生からこう言われたそうです。

「毎週、月、水、金の午後3時から4時までの1時間、来てもらえますか？」

そこで、翌週の月曜日に施療院に行くと、**先生から「そこのおじいさんの包帯を巻き直してください」とか、「そのおばあさんをお風呂に連れて行って、背中を流してあげてください」と頼まれたそうです。**

とりあえず、先生に言われたとおりにやってみた。1時間が経ったあと、先生から、

「あさって、また来てください」と言われて、「えっ、自分は何も診てもらっていないのに」と思いながらも家に帰り、水曜日にまた病院に行く。

そして水曜日も雑用に使われて、診てもらえない。気がついたら1ヵ月半くらい経っていて、その間、1回も治療をしてもらっていないそうなのです。

「どうして診てもらえないのか」を聞いてみると、先生は、こう答えました。

「そうですか。1ヵ月半経ちましたか…。ところで、今、痛みはありますか？」

体の状態を確認してみると、不思議なことに、どこも痛くない。いつの間にか、治っていたそうなのです。

不思議に思って、先生に「痛みがなくなった理由」を聞くと、

「あなたは『体が痛い』からといって、人に何かをしてあげようとは思わなかったでしょう。人に対して何もしてこなかったから、痛かったのですよ」

と言われたそうなのです。

私はAさんにこの施療院の話をしたあとで、

「今日帰ったら、父親と母親に、『肩を揉んであげる』と言ってごらんなさい。両親は驚いて涙を流すかもしれませんね。あなたは今まで、わがままをたくさん言ってきたかもしれませんが、今日からは自分を支えてくれた人に、感謝をしてみましょう。どれほど自分がいろいろなことをやってもらったかを考えてみてください」

Aさんは、自分が人にしてあげることを考え、自分がどれほど家族からたくさんのことをしてもらってきたかを考え、「感謝」をした結果、彼の痛みは軽減したのだそうです。

自分がわがままを言って、言いたい放題、望みたい放題やっていると、体中がチクチクと痛むらしい。このしくみは、神様からのプレゼントかもしれません。

チクチクきた瞬間に、「あっ、そうか。私は、自分のことばかり考えて、ほかの人に喜ばれる存在になっていなかったかもしれない」と気づくと、どうやら、痛みは軽くなるらしいのです。

022

「死の時期」は、生まれる前に決めてきているらしい

「死」を怖がっている人に、ひと言、お伝えしておきます。

生きている間は、「まだ死んでいない」のだから、死を恐れる必要はありません。

死んだら、「もう死んでしまった」のだから、死を恐れる必要はありません。

私たちの魂は、「肉体」という「貸衣装」を着ているにすぎないという考え方があります。だとすると、神様は、「貸衣装」のレンタル会社の社長のような存在です。

ですから、死を迎え、「貸衣装（肉体）」を返却するとき、ボロボロの状態のままでは、申し訳がないと思いませんか？


「不平不満・愚痴・泣き言・悪口・文句」を言い続けて、ストレスで「貸衣装をボロボロにしてしまった」と思う人は、これからは肯定的な言葉や、「ありがとう」をたくさん言ってみてください。そうすれば、この貸衣装は「修復」されるようなのです。

そして、**きちんと修復して返せば、「この人は貸衣装を大事にしてくれるから、次は安心して、もっと上等な衣を貸してあげよう」と、神様はニッコリ笑ってくれるのではないでしょうか？**

人間の根源的な部分の話をすると、人生の目的は、長生きをすることではなくて、「死ぬまでに何をするか、何を残すか」「いかにして人に喜ばれる存在になるか」ということのようです。

人は、生まれる前から、「自分の寿命」を「自分が書いたシナリオ」で決めてきているらしいのです。仮に、医者から2ヵ月の命と言われた病人が、新しい治療方法を試したあとに延命し、その後、20年間生きたとします。

「その治療をやらなければ、助からなかったではないか。じゃあ、延命したのではないか。寿命が延びたのではないか」と考える人がいますが、寿命が変わったのではなくて、その先生が新しい治療法を試してくれたことも、その結果として延命したことも、もともとの「自分が書いたシナリオ」のようです。

そういう話を持ち込まれて、「やってみようかな」と思ったら、やってみればいい。「それをやってみたら助かったではないか」とか「助からなかったではないか」と思うことは無意味です。

話が持ち込まれること自体が、自分の運命、「自分が書いたシナリオ」です。それをやった結果として延命した場合も「自分が書いたシナリオ」。やらなくてそのまま亡くなった場合も「自分が書いたシナリオ」です。

人間は病気で死ぬこともないし、事故で死ぬこともないようです。人間が死ぬ理由はたったひとつ。「寿命」というものです。そして、自分の「寿命」は、生まれる前から決まっているようです。

「寿命ではなくて、老衰や病気で死ぬのではないか。事故で死ぬのではないか」と言う人がいました。これは、「病気という名の寿命」「事故という名の寿命」と考えることができます。

私は自分の死ぬときがわかっていますが、まったく怖くありません。予定通りに死んでいくだけと考えているからです。この世に生を受けた目的とは、「いかに喜ばれる存在になるか」ということです。「いかに長生きをするか」ではなくて、「死ぬまでに何をするか」ということだけを考えていればよいようです。

023

「涙を流す」か「汗を流す」か、大変さはどちらも一緒らしい

ある男性から、次のような相談をいただきました。

「私の友人が、ある日、突然、母親を交通事故で亡くし、嘆き悲しんでます。この友人を助けてあげたいのですが、どうすればいいのでしょうか?」

実は、小林正観は、母親を心臓麻痺で、突然、亡くしています。その後、父親がくも膜下出血で倒れ、1年半の闘病の末に亡くなりました。

母親が、突然、死んだときには、ショックが大きくて、たくさんの涙を流しました。

「どうして、もう少し長生きしてくれなかったのか…」と悲しみました。

ところが、父親のときは、心の準備ができていたので、涙はあまり出ませんでした。ただ、寝たきりの父親を看病をするのは肉体的に大変でしたから、涙のかわりに、「汗」をたくさんかきました。

母親と父親の死を経験して、わかったことがあります。**それは「流す涙の量と汗の量は同じみたいだ」ということです。**

流す「水の量」は一緒で、両方を同時に味わうことはできないみたいです。

突然死のときは看病がないので、肉体的には看病をして汗をかくことはありません。けれど、精神的につらくて、たくさんの涙を流します。

一方で、闘病生活が長いと、肉体的にあれこれ動いて、たくさんの汗をかきます。けれど、心の準備ができます。

では、どちらがつらく大変なのかというと、どちらも同じ。「精神的な大変さ」と、「肉体的な大変さ」を秤《はかり》にかけると、どちらも大変さは同じみたいなのです。

体内から出てくる「水」を、「涙」と呼ぶか「汗」と呼ぶか、呼び方が違うだけで、本質的には何の違いもないのかもしれません。

大変さはどちらも一緒であり、「こうであったら悲しくて、こうであったら悲しくない」ということは、どうやら、ないようです。

私はこの男性に、「友人を助けてあげたいのなら、あなた自身がどう生きるかが大切です」とお伝えしました。

友人を何とかするのではなく、自分自身が今、この瞬間から、つらいことや悲しいことがあっても、いつもニコニコ元気よく、楽しげに、幸せに生きていけばいい。

もしも、この男性が、「毎日、嬉しくて、楽しい姿」を友人に見せ続けたら、友人もきっと、「真似をしてみよう」と思い、ニコニコしはじめるのではないでしょうか。

友人が真似をするくらい、自分が喜び、楽しみ、幸せそのものになってしまう。すると、まわりにいる人も、それを真似て、ニコニコ元気よく、楽しげに、幸せに生きようとして、悲しんでいる人がいなくなるのではないでしょうか？

024

人生の前半は「手に入れていく時間」、人生の後半は「手放していく時間」

私の高校の同級生は450人ほどいるのですが、その出世頭ともいえる男性がいます。彼は、あるシンクタンクに勤めていて、「日本政府が、海外で行ったプロジェクトをたくさん手伝った」と言っていました。あるとき、彼から電話があり、「相談したい」と言うので会ってみると、彼は、次のように話を切り出しました。

「大学病院の検査で、肺ガンが発見された。それも、かなり悪い。夢にも思っていなかったので、大変うろたえていて、頭の整理がつかない。三次元的な話はともかくとして、四次元的な生死の世界については、あなたにしか相談することができない」

私は彼に、「戦うこと、争うことを捨てることができるか？」と聞きました。

彼は、「今、戦いの心、争いの心を捨てろ、と言われても、できない」と答えました。

その後、彼はお金に糸目をつけず、最高の医療技術を持つ病院で手術を受けたそうです。退院後に彼から話を聞くと、「状態が悪すぎて、何ひとつ取り出すことなく、胸をそのまま縫合して終わった」そうです。体中にガン細胞が行き渡っていたのです。

そして彼は、「早ければ1ヵ月、長くて3ヵ月」の余命を宣告されました。

私は、「オーストラリアにでも1年か2年遊びに行って、のんびり暮らして、人と争うこと、戦うこと、勝利することをやめたらどうか。3カ月あるのなら、その間に自分のやってきたことを文章にまとめることもできる」と彼に提案しました。

彼は、「難しいけれど、やってみる」と言って、帰って行きました。

6カ月後に同窓会の幹事から、「彼が亡くなった」という連絡を受けました。「早ければ1カ月、長くて3カ月」の余命だった彼が、「6カ月生きることができた」のは、争うこと、戦うこと、勝利することをやめたからかもしれません。

たくさんのものを持っていれば持っているほど、死ぬときがつらくなります。彼は、たくさんの名誉も、地位も、称賛も、実績も得ています。そして、それらを手放すことができなかったから、彼は死ぬのが怖かったのだと思います。

人生の前半生を過ぎた人は、同じ年月をかけて、「いかに手放せるか」の訓練がはじまります。山の頂上に向かって、両サイドから風が吹いていて、努力という風は、常に頂上に向かって吹いています。「努力をして手に入れていく作業」は、人生の真ん中までは追い風でした。

しかし、頂上に登り終わると、努力は逆風になります。人生の真ん中を過ぎてからは、今度は「得たものをいかに執着しないで、必要な人に手渡せるか」が問われればじめるようです。そして、自分が死ぬ3秒前、2秒前、1秒前になったときに、「私はすべて手を放して自由になることができた」という状態で死ぬことを「最高の死」といいます。

私たちの人生の前半生は、「求めて、手に入れていく時間」ですが、後半生は、「いかに手放していくか」の作業をする時間のようです。お金や、地位や、名誉を求めてきた人は、どれほど手に入れても、もっとほしくなって、満足しません。あるのは、「まだ足りない」という空腹感だけです。地位も、名誉も、他人からの評価も、頑張りや努力も、すべて手放す。そういうものを手放していったときに、人間はものすごく「ラク」になることができます。宇宙には、次のような法則があるようです。

「手に持っているもの＋幸せ感＝１００」

「今、自分が抱え持っているもの」と、「私が幸せだと思う感情」は、合わせて１００になるように人生はつくられているみたいです。ですから、持っているものを手放せば手放すほど、じつは、「幸せ感」が大きくなるらしいのです。

第4章

Miracles of the Word “Arigato”

「子ども」が伸びる子育て

025

すべての子どもは「母親を励《はげ》ますため」に生まれてくるらしい

40年の間に、22人の「生まれる前の記憶を持った子ども」に会いました。その子どもたちが決まって言った「共通項」が、

「上からお母さんを見下ろしていた」

ということでした。

子どもたちに「生まれる前の状況」を聞いてみたところ、

「お母さんがさみしそうだから、話し相手になってあげようと思った」

「お母さんが泣いていたので、かわいそうで味方をしてあげようと思った」

「お母さんを元気づけるために生まれた」


と話してくれました。

子どものひとりは、「妹」のことを話してくれました。後ろを振り向いたら妹がいて、「あの人たちの子どもに私たちは生まれるのよ。私もすぐ行くね」と妹が言ったそうです。その後、「妹の姿が見えなくなって、さみしくて泣いちゃった」と教えてくれまし

た。妹は「すぐ行くね」と言ったそうですが、妹が人間の世界に生まれてきたのは、2年後だったそうです。

この22例の子どもたちは、お互いに情報を共有したわけでも、つくり話をしたわけでもありません。親同士も、子ども同士も知り合いではありません。それなのに、どの子も、「お母さんを喜ばせたいと思ったら、生まれてきた」と話してくれました。

どうやら、子どもは、

「母親の味方をしてあげたい」

「母親を励《はげ》ましたい」

「母親の話し相手になってあげたい」

と思って、生まれてくるようなのです。

もしかしたら、すべての子どもたちが、母親を励ますために、母親の話し相手になってあげるために生まれてきているのかもしれません。

もし、そうだとしたら、母親は、子どもを怒鳴ったり怒ったりできるでしょうか？

「母親を励ましに来てくれた子ども」という認識を持って、自分の子どもを見直してみてください。子どもは、あたたかい目で、優しい目で、母親を見つめているのではないでしょうか？

母親がつらいとき、困ったときに、何気ない会話で、励ましてくれたのではないでしょうか？

子どもは、母親を励ましにきたらしい…。そのことがわかってくると、子どもに対して怒る、怒鳴る、ということがなくなると思います。

母親が偉そうではなく、説教がましくもなく、優しい心を持って子どもと接することから、あたたかい母子関係がはじまるのです。

026

ありのままを褒《ほ》められた子どもは、「天才性」を発揮する

身近な女性の「賞賛」を浴びた男性は、ものすごく「抜きん出る人」（いわゆる天才）になります。身近な女性とは夫婦関係でいうと「妻」、親子関係でいうと「母親」です。

夫は、賞賛してくれる妻を大好きになります。そして妻のために一所懸命働きます。

同様に、「男の子」は、母親に「あなたはあなたでいいのよ」と言ってもらえると、母親のことが大好きになります。

そして、**「母親を大好きな男の子」は、ものすごく勉強もするし、お手伝いもします。**

でも、母親のことが嫌いな男の子は、「言われたことのすべて反対」をやります。母親が「弱い者をいじめちゃダメ」と言っても、「こんな母親に好かれたくない」と思っているので、あえて、母親から嫌われるような行動を取るのです。

ある人から、「子どもに『あなたはあなたでいい』と言ったら、ワガママを言い出すだけではないですか？」と質問を受けたことがあります。

子どもがワガママを言うとしたら、それは母親が子どもから好かれていないからです。子どもに対して、口うるさく注意をしてきたからではないでしょうか?

好かれていない母親は、今日から「正論」を言うのをやめることです。好かれていない母親がいくら強圧的に叱っても、逆効果です。まずは1年ぐらいかけて「好かれる母親」になってから、にっこり笑って「こうしてくれるとお母さんは嬉しい」と言うと、子どもは喜んでやってくれます。

「ちゃんとした人になりなさい」「ちゃんと普通の人と同じようにやらなくちゃダメじゃないの」「お母さんの言うことを聞いて、正しい人になりなさい」と言うたびに、子どもの才能の芽が摘まれていきます。悪いところをいちいち指摘すると、子どもは「抜きん出た人」にはなりません。

どんな子どもも、全員が「天才の芽」を持って生まれてきています。その芽を開かせる方法は、「子どものあらさがしをせず、賞賛すること」です。

「あなたが私の思い通りになったら愛してあげるけれど、思い通りにならないあなたは嫌い」と条件をつけるのだとしたら、それは「愛していない」といいます。

「あなたがあなただから、愛している」と言ってあげられること、「私の思い通りになっても、ならなくても、愛している」と言えることが「愛している」ということです。

「女の子」は、母親の姿を見て、「母親と同じ行動をするように育つ」のです。女の子は母親の言っていることではなく、母親の「行動」を見ています。

たとえば、母親の友人が家に遊びに来ていて、一緒に楽しそうにお茶を飲んでおしゃべりをしていたのに、友人が帰ったとたん、その人の悪口を言いはじめたとします。この母親を見て育った娘は、大人になって、「母親と同じ行動パターン」を身につけ、陰口を言うようになります。

母親が娘を見て、不愉快な感情を抱くのは、そこに「自分の嫌な面を見るから」でしょう。ですから、「娘をいい子に育てよう」と思ったら、口でどんなによいことを言ってもダメで、「母親が自分の行動や態度をあらためること」が大切なのです。

027

「子どもが夢中になっていること」を邪魔しなければ、無限に伸びていく

植物学者の野《の》澤《ざわ》重《しげ》雄《お》さんは、遺伝子操作も、最先端のバイオテクノロジーも、特殊な肥料も使わず、約「1万３０００個」も実がなるトマトの巨木を育てた人で、「科学万博つくば85」にも、それと同じ方法で育てたトマトが展示されたと聞きました。

トマトづくりをしている知人に聞いたところ、普通、１本の苗木から収穫できるトマトの数は、25個前後。実が小さくなることを覚悟して育てても、50～60個が限度らしいので、野澤さんのトマトの木が、いかに大きいかがわかります。

生長の初期段階に十分な、栄養、水分、温度などがないと、トマトの木は「おやおや、この勢いで生長するとマズイことになるかもしれないぞ。少し抑えて、このくらいでやめておこう」と判断して、生長をゆるめてしまうのでしょう。しかし、**十分な栄養、水分などを与えて、「どんどん生長していいんだよ」という情報を与えると、トマトは「安心して」、どんどん生長するといいます。**

もしかしたら、人間にも、同じことがいえるのかもしれません。

トマトを人間に置き換えてみると、成長の初期段階とは、幼少期です。この時期に親の愛情に包まれて、「自分の持っている力を、どんどん無限に伸ばしていっていい」という情報を与えられた子どもは、安心して自分の力を、無限に伸ばしていくのではないでしょうか。


「どうせ、たいしたトマトにならないわよ（どうせ、たいした才能はないわよ）」

「隣のトマトよりも大きくならなくちゃダメよ（ほかの子に負けちゃダメよ）」

「頑張って、トマトからメロンになってね（頑張って偉い人になってね）」

と言ってしまうと、才能の成長を妨げてしまいます。そうではなくて、子どもの弱い部分も失敗も丸ごと受け入れて、

「どんなあなたでも、すばらしい」

「あなたの好きなこと、夢中になっていることをどんどん追求していいのよ」

と子どもを認めて安心させる。何かができたときや、いい子にしているときだけではなく、どんなときでも子どもを認める。すると、子どもたちは、「持って生まれた才能」を思う存分に、無限に発揮するようになります。

「やっていると楽しくてワクワクすること」「夢中になれること」が、その子の才能とつながっているようです。土いじりが好きな子は、陶芸家になる才能を持っているのかもしれません。虫を追いかけるのが好きな子は、すばらしい昆虫学者になるかもしれません。いつも何かを考えている子は、偉大な哲学者になるかもしれません。

大切なことは、子どもが夢中になっていることを邪魔しないことです。

①子どもを丸ごと受け入れて、決して否定しない

②子どもが夢中になっていることを十分にやらせる

③あなたには、すばらしい力があるということを、子どもに伝える

この3つを心がけて子どもと接していけば、子どもたちの「才能の扉」は自然と開かれていくでしょう。

どんな子どもでも、計り知れない「無限の力」を持って生まれてきています。それを生かすには、親が子どもの才能を信じ、応援してあげることなのです。

028

人物をつくる4つの要素は、「貧乏」「読書」「感動」、そして「母親の感化」

約2500年前のインドに生きていたといわれる、お釈迦《しゃか》さまは、弟子たちに「人物をつくる4つの要素」を伝え残しています。お釈迦さまの言う「人物」とは、「世の中に寄与し、まわりからその存在を喜ばれる人」だと私は解釈しています。

その4つの要素とは、

①貧乏

②読書

③感動

④母親の感化（母性）

です。

「貧乏」とは、経済的に困窮しなさいという意味ではありません。お金の価値を知るということです。額に汗をかいて得たお金だけが、お金の価値を教えてくれます。

「読書」とは、未知への見聞を広げて、知識を蓄えることです。昔の人たちは、知恵を集積させて書物をつくり、後世に残してくれました。その知恵の集積を学びなさいという意味です。

「感動」は、人間形成に大きな影響を与えます。体験によって得た感動は、自信と生きる力になります。

「母親の感化」とは、「あなたはあなたのままでいい」と、どんなときも子どもを受け入れて、褒《ほ》めてあげること。「あなたが大好きよ」と言ってあげることです。お釈迦さまは「両親の感化」と言っているのではなく「母親の感化」と言っています。**子どもを育てるときに、もっとも影響が大きいのは、やはり、「母親の存在」です。**

素直なよい子に育つかどうかは、「母親のひと言」が大きな影響を与えています。

たとえば、母親が「世の中や人間なんて信用できない」「ろくなもんじゃない」と言い続けると、子どもは反社会的に育つようです。

反対に、「人間はいいものだ」と言い続けると、人間に対して好意的になるでしょう。

主に、子どもを育てているのは、母親です。父親は、母親の「精神的な安定」と「経済的な安定」の2つを与えているのだと思います。子どもにとっては、父親に怒鳴られて怒られると、「こういう父親にはならないようにしよう」「こういう男にはならないようにしよう」という反面教師に思う子どもが多いでしょう。

子育ては、やはり、母親が直接的に影響を与えています。ですから、母親の感情が不安定だと、子どもにも伝わってしまう。だから、母親の情緒を安定させることが「父親の役割」でしょう。


もし母親がイライラしていたら、父親は母親に対して、「感情的にならないほうがいいよ」「声を荒げないほうがいいよ」と、声をかけてあげる役割があると思います。

母親が恨み言を言うと、その子どもは反社会的に育つ可能性があるからです。怒って、怒鳴って、声を荒げながら子どもを強制的に従わせようとすると、子どもも、「それと同じ方法論」を学んでしまいます。母親は、すべて、子どもの見本なのです。

子どもに言いたいことがあるのなら、「笑顔」で言う。向こうが要求を飲んでくれなくても、何度も笑顔で言い続ける。

20回も30回も笑顔で言われると、子どもも根負けして、母親の言うことを聞きはじめる。そういう関係になるのが「一番いい母子関係」だと思います。

029

子どもは「感情をコントロールできない大人」を、大人と認めないらしい

今、子育てをしている人が、暴力的に怒鳴って、怒って、イライラして声を荒げているると、子どもは、「親と同じような」人間になるようです。

「私が正しいことを言っているのに、子どもは言うことをきかない。正しいことを言っているのだから、声を荒げていい」と考える親もいますが、私は子どもが言うことを聞かないことよりも、「親が声を荒げていること」のほうがずっと問題だと思います。

宇宙には、「正しいことを言っているのだから、声を荒げていい」「親の言うことを子どもが聞かなければ、怒ってもよい」という法則はないようです。

宇宙には、

「親のことを好きな子どもは、親の言うことを聞く。親のことを嫌いな子どもは、親の言うことを聞かない」

という法則があるだけのようです。

では、どうして子どもが親を嫌うのかというと、親が「感情をコントロールできないから」です。

子どもは、「感情的な親」を嫌う傾向があります。**子どもは、「自分の感情をコントロールできない大人を、大人とは認めない」のです。**

「大人」という言葉の語源は、「音なし」からきたという説があります。どんなことがあっても声を荒げず、大声を出さない人を「大人」と呼ぶようになりました。「大人しい」という形容詞も、語源は同じだそうです。

英語に「gentleman（ジェントルマン）」という言葉がありますが、「gentle（ジェントル」は「静かな」「物静かな」という意味です。つまり、「gentleman」とは「声を荒げない物静かな人」のことであり、日本語の「大人」と同じ意味です。

「大人」である以上、何があっても、怒ってはいけない。怒鳴ってはいけない。殴ってはいけない。言いたいことがあるのだったら、穏やかに、にこやかに言う。

言うことを聞いてくれなくてもかまいません。子どもとの関係は、「言うことを聞かせること」ではなくて、「穏やかに、にこやかに言う」というのがよいようです。

「お母さんがいないときに雨が降ってきたら、洗濯物を取り入れてくれると、お母さん嬉しいんだけどなぁ」と言うと、はじめは「フンッ」と言われるかもしれません。

でも、怒ったり怒鳴ったりしないで、にこやかに話しかけていくと、子どもは、「あ、お母さんが変わった。いつもみたいに怒らなくなった」と思いはじめ、母親のお手伝いをしてくれるようになるでしょう。

母親を好きになったら、「勉強しなさい」と言わなくても、勉強をするようになります。「お手伝いしてくれるかな？」と言えば「はーい」と答え、「食事をつくるのを手伝ってくれるかな？」と言っても「はーい」と答え、「お皿を洗うのを手伝ってくれるかな？」と言っても「はーい」と答えるようになります。

10年間、親に怒られ続けた子どもでも、親への気持ちは3ヵ月くらいあれば、変わっていくようです。子どもは、わずか3ヵ月で母親を好きになってくれます。そういう意味で子どもは、天使であり、神様なのです。

030

「育てない」ことこそが、最良の子育て

未成年者の犯罪が起きると、評論家の方たちは、「親は、もっと子どもと向き合ったほうがいい」と言います。

しかし、親は子どもに背を向けて、向き合わないほうがよいのではないか、と私は思います。子どもと向き合い、目の前に大人が立ちふさがっていたら、子どもは「そこを、どいてほしい」と思うだけです。それよりも、親は子どもに「背中」を見せて、ズンズン前に進んでいくほうがいい。

「こうしなさい」「そこがダメ」と向き合って、指摘し続ける親ではなく、「あなたがどうなっても支え続ける」「あなたはあなたのままでいい」と「見守る親」のほうが、親にも子どもにも「ラク」です。**親が子どもと向き合って、関わり過ぎるほど、子どもの芽を摘んでいくような気がします。**

私の子育て論は、「逆リア王的子育て論」です。シェイクスピアの悲劇「リア王」の反対バージョンです。

親に忠誠を口にする子どもには厚い待遇をするけれど、耳ざわりな言葉を発する子どもは縁切り、というのが「リア王」のストーリーでした。その反対です。

子どもがどのように育とうとも、親は、いつでも助けてあげる。ボロボロになって帰ってきたとしても、「いつでも、あなたはここに帰ってきていいんだよ」と言ってあげるのです。

「なんでもかんでも受け入れて甘やかしていたら、きちんとした人間にならないのではないか」と思う親がいるかもしれません。

でも子どもは、どんなときでも自分を受け入れてくれた親を、「悲しませよう」とは思わないでしょう。

「子どもが助け船を求めてきたら、いつでも助け船になってあげる」という覚悟がある親のもとでは、子どもはあまり踏みはずさないのではないでしょうか。困っているときには、無条件で受け入れる。それが小林正観流の「子育てしない子育て論」です。

私たちは、小学校・中学校・高校・大学を通して「思いを持って、目標を立てて、努力することが人生であり、それをしないと落ちこぼれる」とさんざん教わってきました。

「『ダメな子』とか『わるい子』なんて子どもは、ひとりだっていないのです。もし、そんなレッテルのついた子どもがいるとしたら、それはもう、その子たちをそんなふうに見ることしかできない大人たちの精神が貧しいのだ」

この言葉は、漫画家の手塚治虫さんが、著書『ガラスの地球を救え』（光文社）の中で、子どもと向き合う親の精神性について述べた言葉です。

子どもの欠点を指摘し、親の思い通りに生きることを強いない。「落ちこぼれ」だと非難しない。

「あなたはあなたのままでいいよ」「今のままでいいよ」と子どもを受け入れる。親の思い通りに育てようとしない。

つまり、「育てないことこそが、最良の子育て」だと私は思います。

031

本当は、親が「子ども」に育てられている

「子どもは、親の言うことを聞くものである」「親が口うるさく教えなければ、子どもは育たない」と思っている人がいますが、それは違います。

「魂」の勉強をしてわかったことは、「親がいなくても子どもの人格は決まっているらしい」ということです。

20歳のときの人格も、30歳のときの人格も、40歳のときの人格も、すでに決まっていて、親がいてもいなくても、必ずこの子はそうなるようです。

「子どもは親の教育によって育つのではないか」と思われるかもしれませんが、結論を言うと、子どもは親に関係なく、環境にも関係なく、「ある人格になるべく設計をして生まれてきて、そのとおりになる」ようです。

努力したり、頑張ったりすることで、人格が決まるのではないようです。「どのような使命を背負って生まれるのか」も、「どのように死ぬのか」も、生まれる前に決められているようです。**つまり、私たちは、自分の意思やまわりの環境によって進む方向を決めていると思っていますが、そうではなく、どうも「生まれてくる前に自分が書**

いたシナリオ通り」らしいのです。

では、「親は子どもに何を言っても意味がないのか」といえば、そうではありません。

1000でも2000でも、思ったことはいくらでも言っていい。親に言われたことで「子どものスイッチ」が入ることはあるので（それもシナリオ通り）、気がついたことがあれば、どんなことでも言ってあげましょう。

でも、「言った通りにならなかったから」といって、怒ったり、怒鳴ったり、イライラしてはいけません。

「魂」の勉強をしていると、「親が子どもを育てる」のではなく、「親が子どもから育てていただいている」ことがわかります。

親は、いつも子どもより優れていて、優位に立っていて、子どもに対して指導をする立場だと思っているかもしれませんが、それは勘違いです。

子どもが親に育てられているのではなく、親が子どもに育てられているのです。

子どもが親の言うことを聞かないのは、「子どもが何をしても腹を立てないという人格を、親に身につけさせるため」のようです。子どもは、親を成長させるために存在しているのです。

親は、子どもを通して、「どんなことがあっても、怒鳴らず、怒らず、腹を立てず、イライラしない」ということを、問われています。

私たちは「怒ってみせると問題の解決が早い」と、世の中から教えられてきました。でも親が、怒って物事を解決するという方法論を選んでいると、子どもはそれしか教え込まれていないので、同じように「怒って解決するという方法を取る」ようになります。

反対に、どんなことがあっても親が怒鳴らず、怒らず、腹を立てず、イライラしなければ、子どもも「怒るという解決策を取らなくなる」のです。

子どもに対して声を荒げて、怒鳴って、怒って、当たり散らして、「親という強力な立場を使って子どもを変えていこうとする」と、子どもは親の真似をして、自分の子どもにも怒鳴り散らす。そうして「怒りの連鎖」が、次の世代にも、その次の世代にも引き継がれてしまうでしょう。

ですから、「どんなことがあっても、親は腹を立てないほうがよい」のです。

032

人間は、生まれながらにして「優しさのかたまり」

あるとき、良寛和尚《りょうかんおしょう》の兄が、良寛和尚に「頼みごとをした」という話を聞きました。

「自分の子（良寛和尚の甥《おい》っ子）が家業を手伝わない。いつもブラブラと遊んでばかりだ。食事を用意するから、そこで息子と一緒に食事をしてもらえないか。何か『いい話』でもして、息子を真人間にしてもらいたい」

良寛和尚は、兄の申し出を引き受け、甥と2人で食事をすることになったのです。

食事の間、良寛和尚は、世間話を2つ、3つしただけで、説教めいたことはひと言も口にしませんでした。

甥は、「良寛に何か言われたら、反論し、怒鳴り、暴れてやろう」と思っていましたが、良寛和尚が何も言わなかったので、拍子抜けしたそうです。

ところが、帰ろうとした良寛のワラジを甥が結んでいるとき、甥は心を動かされました。良寛和尚が、さめざめと涙を流していたのです。

甥は、その涙を見て、「これからは真人間になろう」と決意し、そのように生きたそうです。

どうして甥は、良寛和尚の涙を見て「真人間になろう」と思ったのでしょうか。

これは私の推測、私見ですが、良寛和尚は、甥の反抗的な態度、拒否的な態度の中に、彼の「哀しさ」を見たのではないでしょうか。

人間は、もともと、生まれながらにして「優しさのかたまり」です。敵意や憎しみは、あとから身につけたものです。

甥は、ある家に生まれつき、家業を継がなければならなくなった。けれど、継ぎたくはない。嫌だ、嫌だと言っている自分に、家族も親戚もつらく当たる。誰もわかってはくれない。その結果として、甥は、敵意や攻撃性を外に出すようになったのではないか。

良寛和尚はそのことに気がついたのだと思います。

良寛和尚は、甥の心のやるせなさ、哀しさに堪えきれず、涙を流した。そして甥は、良寛の涙を見て、「この人はわかってくれた。この人のためにも真人間になろう」と思ったのではないかというのが、私の推測です。

良寛和尚は、説得も、説教もしませんでした。それこそ「何もしなかった」のです。ただ、その人の根底にある「哀しさ」をわかってあげた。その結果、反抗的な態度を取っていた甥の心が、一瞬で、しかも根本的に変わり、真人間になったのではないか。私たちには、こんなにすごい解決法があるようです。

じつは、「相手の哀しみをわかってあげる」だけで、解決できる問題というのが、私たちのまわりに、たくさんあるのではないでしょうか。

第5章

Miracles of the Word “Arigato”

「喜ばれる存在」が人生の目的

033

村民の1500人以上が参加したお葬式。亡くなったおばあさんがやり続けたこと

「自分の職場に不満があって、何もかもがうまくいかなくて悩んでいる」という男性がいました。私が、

「あなたは今まで、『自分がいかに満足するか？』については、たくさん考えてきたのでしょう。でも、『まわりの人にいかに喜ばれるか？』を考えたことはありますか？」

と聞くと、「えっ！」と小声で叫んだきり、黙ってしまいました。

宇宙の構造は、すごく簡単です。自分が一度も「喜ばれよう」としてこなかったのに、「自分の思い通りになってほしい」と叫んでも、かないません。私がこの方に、

「『人が喜ぶようなこと』を投げかけてこなかったのだから、自分が喜べる現象が起きるようにはなりませんよね。あなたは今まで、『自分が楽しくなるように、世の中や自分の周囲が変わってくれるべきだ』と、ずっと思ってきたのではないですか？」

と言うと、「そうです…」と答えました。

自分が宇宙に対して「喜ばれること」を投げかけていないのなら、返ってくることはありません。おもしろいことに、「要求している人」ほど投げかけていない。宇宙の構造がわかっていないから、要求ばかりするのです。

楽しいことがたくさん降ってくる人生を送りたいのであれば、「自分のほうからたくさん投げかけること」です。「投げかけたものが返ってくる」のです。人に喜ばれれば喜ばれるほど、喜びがたくさん降ってきて、自分の人生がどんどん楽しいものになっていくでしょう。

多くの人は、仕事がうまくいかないとき、「どうしたら、思い通りの結果が出せるのか？」「どうしたら、売上が上がるのか？」「どうしたら、お客様が集まってくれるのか？」と考えますが、このように問うこと自体が間違っています。矢印が逆です。「いかに自分がいい思いをするか？」、ではなくて、「どうしたら人に喜ばれるか？」だけを考えていればいいのです。

人口3000人ほどのある村で、78歳のおばあさんが亡くなりました。葬儀をあげたところ、なんと村民の半数以上（1500人以上）が参列したそうです。

このおばあさんは、小学校の先生をしていましたが、ほかにはとくに目立ったことはしていません。ではなぜ、これほどたくさんの人に惜しまれたのでしょうか。

このおばあさんは、小学校の先生をしているときも、退職したあとも、首尾一貫してやり続けたことがあります。

それは、「教え子のお店でしか、ものを買わなかった」ことです。教え子のお店よりも安く買える大型スーパーやディスカウントストアが新しくできても、行かなかった。おばあさんは、いつでも、「教え子を応援する人」でした。どこでもいいから1円でも安く買うのではなく、「喜ばれるお金の使い方」をした。その結果、おばあさん自らが「喜ばれる存在」になっていました。

すべてのことは「思い通りにならない」ということがわかって、「思い通りにならなくてもいいんだ」と気づいた瞬間から、ものすごくラクになります。

「思い」を持たないで、「よき仲間からの頼まれごと」を「はい、わかりました」とやっていれば、結果として、ものすごく楽しい人生が味わえます。

人間の生きる目的とは、頑張ることでも、努力することでも、何かを成し遂げることでもなく、「いかに喜ばれる存在になるか」なのです。

034

人間の機能は、「喜ばれた数」だけ存在する

「鉱物」の機能を考えてみます。たとえば「コップ」なら、お湯を貯める、水を貯めるという機能があります。「新幹線」という大きな「鉱物」の機能を考えると、ものを運ぶ、人を運ぶという2つの機能を持っていることがわかります。

「機能」とは「役割」のことです。その役割をいくつ果たせるか、というと、鉱物の機能は、おそらく2つくらいでしょう。

「植物」の役割、機能を考えると、「木の実を食べてもらって、動物を生き長らえさせる」「二酸化炭素を吸い込んで酸素を出す」、「防風林、防砂林、防雪林になる」など、おそらく20くらいはありそうです。

今度は、「動物」の機能を考えてみます。動物は、自分の身を投げ出して食物連鎖の中に存在していますから、それによって相手の動物を生かすことをしています。自分が木の実を食べて排出したフンの中で植物の種を運ぶといった機能も含めると、おそらく、200くらいはありそうです。

続いて、「雲」の機能を数えてみます。雨、曇り、あられ、ヒョウ、風を起こす、竜巻を起こす、太陽を隠すなど、おそらく2000くらいあるでしょう。

では、「人間」の機能は、どのくらいあるのでしょうか。鉱物は2、植物は20、動物は200、雲は2000だと推定すると、「人間は2万くらいかな」と思っていました。私は、そのことをずっと宇宙に問いかけていました。そして、2年ほど経ってから、次のような答えが降ってきました。

「人間の機能は、喜ばれた数だけ存在する（つまり無限に存在する）」

まったく想像をしていなかった答えに、私は衝撃を受けました。電気が走るとか、鳥肌が立つというレベルを超えて、体が震えてしまいました。

たとえば、隣のおばあさんが駅の階段を上っているときに、荷物を持ってあげた。そして、おばあさんから「ありがとうございます」と言われた瞬間に、それがひとつの機能になります。

駅で、びしょ濡れになって立っている人がいて、自分が帰る方向が同じだったとき、傘を差しかけて、「途中まで一緒に行きますか」と声をかけ、「ありがとうございます」

と言われたときも、それも機能のひとつになります。

しかも、相手は人間だけではありません。すべてのものから喜ばれたときに、「私」は、機能を持つことになります。私がマイクを机の上にそっと置いたとき、マイクが、「あぁ、この人の前にマイクとして存在してよかった。そっと置いてくれたので嬉しい」と思われたとすると、「喜ばれた」ことになるわけです。

あなたがガラスのコップを「ドン！」と置いたとき、コップに入り込んでいる魂があるとして、「あやうく割れてしまうところだった。あぁ、この人に持たれたくなかったな」と思ったとすると、「喜ばれなかった」ことになります。

でも、心を込めてそっと置いたときに、「この人に持ってもらってよかった」とコップに思ってもらえたとしたら、コップに「喜ばれた」ことになります。

人間だけは、自分の意思によって、自分の機能をいくらでも増やせます。**「私」がそのことに気がついて、「喜ばれること」を投げかけはじめると、人間である「私」の機能は、無限に増えていくことでしょう。**

035

自分の「命」を、誰かに「使」ってもらうことが「使命」

テレビ番組のアンケートで、街行く人たちに、次のような問いかけをしていました。

「今、経済的に働く必要がなかったら、あなたはどういう日々を送りたいですか？何をしたいですか？」

その結果、「別荘暮らしをしたい」「世界一周をしたい」「趣味の世界でものをつくっていたい」といった答えが並びました。

では、私が同じ質問をされたら、どう答えると思いますか？

「経済的なことは考えずに好きなことをしてもいい」と言われても、今のままの生活を続けるでしょう。それが、一番楽しいからです。

私自身は、あくまでも「素材」であって、自分で自分の人生をどうにかしようとは思いません。自分の方向性や意思というものはありません。**自分の「命」を誰かに「使」ってもらうことが「使命」であり、それがすなわち「喜ばれる」ということです。**

「自分でものを考えて、自分で自分の意思を組み立てて、自分で自分の人生をこういうふうにするぞ」と思った瞬間に、「悩み・苦しみ・苦悩・煩悩」がはじまります。

「自分の思い」は必要ありません。「私」を使ってくれる人がいたら、「使ってくれてありがとう」と感謝して、使われていればいいだけです。

「じゃあ、5年後はどうですか」「10年後はどうですか」と聞かれても、同じ生活を送っていることでしょう。ずっと「使われているだけ」だと思います。

「自分が努力しても仕事が空回りする」「どんなに頑張っても仕事がうまくいかない」としたら、その理由は、「自分の力を過信しているから」かもしれません。

自分ひとりの力で生きるのではなくて、「ヒト」の「間」で生きるから、「人間」となるのです。「人間の価値は、人との関わりの中で生まれてくるもの」です。

「頼まれごとをする」のが人生です。「頼まれごとをする」のが、「喜ばれる」ということです。だから、頼まれごとがきたときに、「これが好きだ」とか「嫌いだ」と選り好みせず、「わかりました」と言って引き受ければいいだけです。

私には、「土曜・日曜」という概念はありません。「7日間に1日安息日をもうけ、それを休日とせよ」という「モーゼの十戒」の教えに反しています(笑)。

でも、私の立場で言わせていただくと、私は毎日が休日です。私は、毎日好きなことをやっているのですから、365日が休日のようなものです。

休日に、いつもより早起きをしてゴルフをする人がいます。仕事+日常生活で使っているカロリーが「1日2500キロカロリー」だとすると、ゴルフで使うカロリーは、「3000キロカロリー」くらいでしょうか。

ゴルフをすると、仕事をしているときよりもカロリーを消費しているはずなのに、「楽しい1日だった」「ゆっくりと休息できた」と思うのは、どうしてでしょうか。

結局は「気持ちの問題」だということです。仕事だと思って嫌々やっていると、2500キロカロリーを使っただけで疲れますが、遊びだと思ってやっていると、3000キロカロリーを使っても、全然疲れない。

だとしたら、毎日、遊びだと思って楽しいことをやっていればいい。

物事が「楽しい」とか「つまらない」と決めるのは自分自身です。

何事でも、「自分が楽しい」と思ったら楽しいことになり、「自分がつまらない」と思えばつまらないことになるのです。

036

「自分には、何の取り柄もない」
という状況は、
じつは、恵まれている

京都府宇治市に、「宝蔵院《ほうぞういん》」という建物があります。宝蔵院には、鉄眼道光《てつげんどうこう》（江戸時代の禅僧）が、江戸時代に約17年かけて刻んだ「一切経《いっさいきょう》」（「大蔵経《だいぞうきょう》」ともいいます）6956巻分の版木《はんぎ》（版画印刷の木）が、およそ6万枚、現存しています。

鉄眼道光は、「一切経6956巻という膨大な文字を刻んで、印刷物にすることができたら、わざわざ書写《しょしゃ》をしなくてもすむ。自分のような人間でも、必要なお経だけを取り出して持ち歩いて読むことができるのではないか」と考えました。

鉄眼道光が、一切経の印刷を思い立ったとき、たまたま身なりの貧しい武士がすたすたと橋を渡ろうとしていたといいます。それを見た鉄眼道光は武士に声をかけます。

「お武家さま、一文《いちもん》、恵んでください」

武士は、素通りです。鉄眼道光は追いかけて、もう一度、声をかけました。

「お武家さま、一文、恵んでください」

しかし、足を止める気配を見せません。この武士は京都に用事があったのですが、鉄眼道光を振り払いたいがために、大津（滋賀県）まで行ってしまったそうです。

まさか、こんなに追いかけてくるとは思わなかったことでしょう。そしてついに、武士が振り返って怒鳴りました。

「おまえは何を考えているのだ。わしのこの貧しい身なりを見れば、財布にゆとりがあるかどうかわかるだろう。なぜ、わしを追っかけて、金をくれと言うのだ。おまえには血も涙もないのか」

それに対して、鉄眼道光はこう答えたといわれています。

「それはよくわかっています。私はたった今、仏典を、全部、版木に刻んで印刷したら、ほかの人も持ち歩いて読むことができる、と思い立ちました。それをやろうと決めたとき、たまたま目の前を通りかかったのがお武家さまです。そして、この人から最初の一文を恵んでもらうことにしました。『この人から一文もいただけないくらいなら、どんなに努力しても、事業は成功しないだろう』と私は思っています。だから、どうしても、あなたから一文いただきたかったのです」

この武士は、「そういうことだったのか。私もゆとりがないけれども、喜んで寄進《きしん》させてもらう」と言って、持っているお金を寄進したそうです。

そこから鉄眼道光は、まわりの協力を得ながら、版木彫りをはじめます。17年間、ただひたすら経文を彫り続け、ついに6万枚を彫り終えました。

鉄眼道光は、どうして17年間も彫り続けることができたのでしょうか。鉄眼道光は、晩年にこのような話をしていたと聞きました。

「自分には、ほかに何もすることはできないし、何の取り柄もないという状況を神から与えられたから、こんなバカなことを生涯、続けることができた」

「豊かな才能に恵まれていない」「人より優れたものを与えられていない」と嘆く人がいます。けれど、できる人、恵まれた人ほど、すぐに「不平不満」を持ってしまうこともあります。一方で、愚鈍な人は「感謝」ができます。

たくさんのすばらしい才能を持っている人ほど本当は恵まれていなくて、「恵まれていない」と思う人ほど、「恵まれている」のかもしれません。

037

人間が「一生の間でできる仕事の量」は、決まっている

世の中のしくみは、ものすごく簡単にできているようです。

モーツァルトは、35歳で亡くなりましたが、作曲した曲の数は、７００曲以上といわれています。

美空ひばりは52歳で亡くなりましたが、１５００曲ほどのレコーディングをしています。

石原裕次郎は、多くの映画やドラマなどで活躍しましたが、52歳の若さで亡くなっています。

映画史上最大の時代劇スターと謳われた市《いち》川《かわ》雷《らい》蔵《ぞう》は、「雷《らい》さま」と呼ばれて人気を博していましたが、映画を撮りはじめて、わずか15年後に亡くなります。37歳でした。

市川雷蔵が出演した映画は、15年間で１５８本。単純計算で、１年間に10本以上の作品をつくっていますから、毎月１本は、映画を撮っていたことになります。

市川雷蔵は、膨大な量の作品を遺して死んでいます。「37歳で、若くして亡くなった」と言う人がいますが、70、80歳まで生きた役者の中で、158本もの映画を撮った人は、どれだけいるのでしょうか?

坂本龍馬《さかもとりょうま》も、すごい人でした。坂本龍馬が存在しなければ、徳川幕府は崩壊しなかったし、明治維新政府がつくられることはなかったでしょう。

岩崎彌太郎《いわさきやたろう》、彌之助《やのすけ》という兄弟が、坂本龍馬の考え方に共鳴をしました。坂本龍馬がいなかったら、もしかしたら、「三菱財閥」の形も違っていた可能性があるかもしれません。また、坂本龍馬がつくった亀山社中《かめやましゃちゅう》は、日本の商社や株式会社の基《もと》になりました。

坂本龍馬は、いったい、何歳まで生きたのでしょうか。

答えは、数え年で33歳(満年齢だと31歳)です。

旧暦の11月15日に生まれて、11月15日に亡くなりました。誕生日が命日です。

坂本龍馬は、混迷する日本を再創造するほどの大きな仕事をしましたが、わずか、数え年で33歳までしか生きていませんでした。

どうやら、「人間が一生の間でする仕事」は、決まっているのかもしれません。年齢ではないようです。

だから、若くして猛烈な量の仕事を残した人は、「短命」になっている傾向があるように思います。

人間は、食べる量が決まっていて、心臓の鼓動の数も決まっていて、それから、人間の一生の仕事量も決まっているのではないでしょうか。

社会のしくみ、世の中のしくみがそうなっているだけであって、「早くに亡くなるのか、長生きなのか」ということは何の意味もないのかもしれません。

「よき仲間からの頼まれごとを、淡々とやっていく」

何か頼まれごとがあったら、疲労困憊《こんぱい》しながら、ただ、淡々と、それをやっていくことだけなのかもしれません。

038

大切なことは、「学ぶこと」ではなく「実践すること」

お釈迦《しゃか》さまが弟子たちに、次のような「たとえ話」をしたことがあるそうです。

20歳くらいの若い僧侶が、滝に打たれたり、山にこもりながら、熱心に修行をしていました。その様子を見ていたひとりの女性（数カ月前に夫を亡くした未亡人）が、彼にこのような提案をしました。

「お坊さま。うちは庭が広いので、草庵《そうあん》（草ぶきの小さな家）をひとつ建てさせていただきます。そこで修行されたらいかがですか？」

若い僧侶は申し出を受け入れ、「ありがとうございます。では、そうさせていただきます」と喜びました。

未亡人には5歳の娘がいたのですが、15年間、娘が僧侶に食事を届け続けました。娘が20歳になったある満月の夜に、未亡人は娘にこう言いました。

「もしおまえがあの僧侶に惹かれているなら、今夜、あの人に、打ち明けてごらんなさい」

そして、娘は僧侶に気持ちを伝えました。しかし、僧侶はこう答えました。

「清らかな川の流れに泥の1粒、汚れた葉っぱ1枚が乗っかったところで、清らかな水の流れは変わらない」

すなわち、この僧侶は、「私の清らかな心は、女性の存在には惑わされない。どんなに好きだと言われても、修行を変えるつもりはない」と断ったのです。

涙を流す娘を見て、母親は烈火のごとく怒りました。そして、草庵を焼き払い、僧侶を追い出したそうです。

この「たとえ話」を引き合いにお釈迦さまが論及したのは、「未亡人の荒れ狂った行為」に対してではありません。修行中の僧侶の未熟さに対して、です。お釈迦さまは、

「なぜ、この僧侶は、娘の好意を受け入れなかったのだ。私たちが仏法の修行をするのは、まわりの人をひとりでも多く幸せにするためだ。この僧侶は、いったい誰を幸せにしたのか。この僧侶がすべきことは、この人たちの愛情と、優しさと、恩義を受け入れて、この人たちを幸せにしてあげることだった。娘の好意を受け入れ、結婚して、この母親に親孝行をしたら、みんなが幸せな人生を送ることができたであろう…」

と言ったそうです。**15年間修行をしても、「誰も幸せにしていないなら、何もしていないのと同じである」とお釈迦さまは考えたのでしょう。**

仏法の戒律は、女性を近づけてはいけない、女性に触れてはいけない、とは必ずしも言っていないと思います。もし、本当に好きだったら、「じゃあ、私は仏教を捨てます」と還俗《げんぞく》してこの娘を嫁にめとり、夫婦として生きればいい。娘や母親の好意を受け入れ、「喜ばれる存在」になればいい。それこそが、仏法を学んだ人の「悟《さと》り」だと思います。

どんなに立派なことを知っていても、社会に対して投げかけも働きかけもしない。誰一人として幸せにしない。ただ、自分のわがままだけで立派なことを考えていた。そのわがままの結果として、娘は悲嘆の涙にくれ、母親は激怒し、自分は住まいを失って流浪《るろう》の身になったのです。

これは、お釈迦さまの「教えの深さ」がわかる話です。一番大切なことは、「学ぶこと」ではありません。「喜ばれる存在」になるために、「実践すること」なのです。

第6章

Miracles of the Word “Arigato”

「ありがとう」は奇跡《きせき》の言葉

039

英語で「現在」は「Present《プレゼント》」。
つまり、普通の今があること自体が
プレゼント

２００４年に、「小林正観と行くネパール・チベットツアー」を開催したときのことです。チベットの「ラサ」という、標高約３６００メートルの場所に行きました。

この地は、私たちが生活する平地よりも格段に酸素が薄いので、ツアーの参加者全員が、「普通に呼吸できることが、いかに幸せなことか」を知ることができました。

ラサのような高地に、飛行機でポンと降り立った場合、「高山病」になることがあります。ただ、着いてすぐには症状が出ないので、平地と同じような感覚で走り回っていると、５～６時間後に高山病の症状が出ることがあります。

ですから、私たちは、歌舞伎役者のように、ゆっくりした動きで過ごすしかありませんでした。ラサから平地へ帰ってきたとき、普通に呼吸できること、普通に動き回れることがどれほど幸せか、身をもってわかりました。

世間一般の人から見たら、「だから何？　ということ（普通に呼吸できること）」にも楽しみを感じられる感性が磨かれ、さらには、何もなくても、楽しみや幸せを感じられるようになると、「淡々と普通に過ぎていく日々が、もっとも幸せだった」ということに気がつきます。

英語で、「過去」を「Past《パスト》」、「未来」を「Future《フューチャー》」、そして、「現在」を「Present《プレゼント》」といいます。何も起きていなくて、淡々と普通に時間が過ぎていくこの瞬間は、じつは、「何も起きていない」のではなくて、宇宙や神様から、最高の「プレゼント（贈り物）」が届いていると考えられるのです。呼吸ができることも、動き回れることも、贈り物です。宇宙からのプレゼントは、過去にあるのでもなく、未来にあるのでもなく、今、この瞬間に降ってきている。数千年前にラテン語を考えた古代人は、この真実に気づいていたようです。そして、「現在」と「贈り物」を同じ言葉で表したのでしょう。

あるとき、40歳くらいの女性から、こう言われました。

「じつは息子から、正観さんにどうしてもお礼を言ってきてくれと頼まれました」

私は、「どうしてですか？」と聞きました。すると、息子さんとの間で、次のようなやりとりがあったそうです。

「息子は、おじいちゃんが苦手でした。厳しいからです。でも正観さんの話を聞いて、おじいちゃんに『ありがとう』と言い続けた。半年経つころには、すごく優しいおじいちゃんになっていた。それで『正観さんにお礼を言ってきて』と頼まれたのです」「ありがとう」は、人のために言うのではなくて、自分のために言う。誰かが何かをしてくれたら「ありがとう」を言うとか、何かありがたいことがあったら「ありがとう」と言うのは、まだまだ、初心者です。

誰も何もしてくれていないときに、「ありがとう」と言っていると、自分が「こうなったらいいな」と思っていたことが、実現する場合があります。

ただ、「執着《しゅうちゃく》している」とダメなようです。「こうならなきゃ嫌だ」と思っている場合は、「現象」は起きないようです。

何か楽しいことが起きたら「ありがとう」ではなく、何事もなく、ただ無事に生かされていることに「ありがとう」を言うことができる。**何も起きていない、この普通の瞬間瞬間が、じつは「神様からの最高のプレゼント」だと思います**。だから、普通の日常生活の中に、喜びや幸せを感じ、感謝をすることができたら、その人は、何も起こらなくても、ずっと幸せに生きていくことができます。そして、「ありがとう（感謝）」に満ちて生きている人には、神様が応援をしてくれるようなのです。

040

「モノ」に「ありがとう」を言うと、奇《き》跡《せき》が起きるらしい

「ありがとう」を言った数がある一定数を超えたとき、奇跡《きせき》としか言いようのない現象となって、その人に降り注ぐことがあります。しかも、「ありがとう」を言うときに、「心は込めなくてもいい」というのが私の考えです。**心を込めなくても大きな効果が得られるのが、「ありがとう」のすごいところだと思います。**

「ありがとう」を、ただひたすら3日間、「心を込めない」で言い続けた人から、このような話を聞きました。

1日目と2日目は何事もなかったそうです。ところが、3日目の朝、夫を送り出したあとに「ありがとう」を1000回ほど言っていたら、突然、お腹の底から熱いものがこみ上げてきたそうです。熱いものはそのまま口を通り過ぎて上に上がり、やがて、目から「滝のような涙」が流れはじめたといいます。

そして、涙が出てからは、心の底から「ありがとう」と思えるようになって、それどころか、コーヒーカップやお皿など、身のまわりにあるものが、「ありがとう」と自分に話しかけてくるような気がしたそうです。

彼女は、「お礼を言うのは、自分のほうだ。こちらこそ、感謝だ」という気持ちになって、身のまわりにある、一つひとつのものに、「こちらこそ、ありがとう」「こちらこそ、ありがとう」と、感謝を伝えました。

なぜ、身のまわりのものが、「ありがとう」を言い返しているような気がしたのでしょうか？　彼女が「ありがとう」を言い続けていたことで、「モノ」の中に入っていた魂が、目を覚ましたのかもしれません。

この女性から「ありがとう」を言われ続けた結果、椅子、机、時計、黒板、サインペン、シャツ、ベルト、コーヒーカップ、お皿といった「モノ」の中に「ありがとう」のエネルギーがどんどん溜まっていって、「ありがとう」のエネルギーがある時点で臨界点に達してあふれ出し、「ありがとう」と言われていると感じたのかもしれません。

「モノ」たちは、ニュートラルな状態で存在していたのに、女性が口にした「ありがとう」のエネルギーを溜め込み、やがてそのエネルギーが臨界点を超えて、あふれ出したように感じたと、考えることができるでしょう。

では、「モノ」に言っている「ありがとう」を人間に言ったらどうなるでしょう。「モノ」ですら言い出すとしたら、人間の魂なら、なおさら「ありがとう」を言い出すことでしょう。すごく不機嫌な人、投げやりな人、非常に否定的な人、攻撃的な人がいたら、その人に向かって「ありがとう」を言ってみる。すると、この人たちの不機嫌さが、治ってしまうことがあるようです。

スーパーマーケットでお金を払い終わったときに、「ありがとう」と言って帰る。喫茶店でお金を払ったときに、「ありがとう」と言って帰る。片っ端から「ありがとう、ありがとう」と言っていったら、世の中はものすごく変わると思います。

もし、世の中のすべての会話が、「ありがとう」で成り立ったら、戦争、争い、憎しみはすべてなくなるかもしれません。**何かをしてもらったときに「ありがとう」を言うのではなくて、してあげたときにも「自分にさせていただいて、ありがとう」と言うようにすると、世の中は、よい方向に変わっていくのではないでしょうか？**

最後に、こう言わせてください。

「こういう話をさせていただいて、ありがとうございます」

041

女性が1年半以内に、「婚約・結婚」できる方法がある

私はよく、独身女性から、結婚に関する質問をいただきます。

「結婚をしたいのに、良縁に恵まれません。どうしたらいいですか?」

「男運が悪くて、なかなかいい男性があらわれません。どうしたらいいですか?」

といった質問です。


このような質問をいただいたとき、私は、彼女たちにこう聞いていました。

「男性に、食事に誘われたことはありますか?」

すると、ほとんどの女性は「はい」と答えます。次に、こう質問します。

「食事のあと、男性が2人分の食事代を支払おうとしたとき、あなたは『自分の分は、自分で支払います』と主張しませんでしたか?」

すると、良縁に恵まれないと話していた女性の多くが、

「はい。だって、おごってもらう理由がありません」「おごってもらうと借りをつくったような感じになって、そのあと、重苦しくなる」と答えたのです。

そこで私は、「おごられるのが嫌だ」という女性全員に、次のように提案しました。
「2人分出したいという男性には、素直に出してもらう。出してもらったうえで、お店を出てから『ありがとう』と言うのです。それで、貸しも借りもなしになるのです」

なぜ、「ありがとう」のひと言で「貸し借りがなくなる」のでしょうか?
それは、「ありがとう」には、ものすごく大きな力が潜んでいるからです。「ありがとう」を耳にした男性は、幸せな気分になって、細胞が活性化し、すごく元気になり、若々しくなり、体が軽くなるようなのです。

相談者のほぼ半分の女性が私の提案を受け入れ、男性におごってもらうかわりに、「ありがとう」と言うようになったところ、相談してきた女性のほとんどが、「1年半以内に婚約、結婚できた」という報告をいただきました。

一方、「やっぱり、借りをつくりたくない」と言って、割り勘にこだわった女性は、その後もずっと独身だったそうです。

私たちは、「他人に甘えてはいけない」「自分の力で解決しなさい」と育てられてきましたが、もしかしたら、その過程で、「とても大事なものを忘れてきた」のかもしれません。

その大事なものとは、「人の善意や好意を受け入れる」ということです。

相手の人が「2人分の食事代を払いたい」「払うことで、幸せな気分になれる」のなら、それを「貸し」「借り」とは言わないで、受け入れてあげる（感謝する）ことこそ、優しさであり、美しさではないでしょうか。

どうしても「借り」を感じてしまう人は、「ありがとう（感謝）」を言っていないのではないでしょうか。

善意や好意を「貸し」「借り」に置き換えてしまう人には、同じように、「貸し」や「借り」で物事を考える人しか近づいてこないように思います。

042

「ありがとう」を言い続けていると、守護霊《しゅごれい》が力を貸してくれるらしい

以前、私が出版した本の中に、最初の1行目から「文字の間違い」が見つかったものがあります。ほかにも数ヵ所「間違い」があって、完成度の高い本とはいえませんでした。

でも、この本はとてもよく売れました。私の本が売れたのは、本の制作に関わっている方に、それから、本を売ってくださる方にも、本を買ってくださる方にも、「ありがとう」を言い続けたからかもしれません。

本をつくってくださる方にも、ありがとうございます。
本を売ってくださる方にも、ありがとうございます。
本を買ってくださる方にも、ありがとうございます。

このように、私の本に携わっている人すべてに「感謝」をしていると、本が売れてくれるみたいなのです。

どうやら、「売れるか売れないかは、技術的なことではない」ようです。

仮に完成度の高い本ができても、著者と編集者がやり合ったり、罵倒《ばとう》し合ったり、悪口雑言《あっこうぞうごん》し合ったりしていると、この「本」自体がげんなりして、嫌気がさして、「売れない本」になってしまうようです。

一方で本に関わっている人たちが楽しみながらつくった本は「喜びに満ちた本」になるので「間違い」などがあったとしても、たくさんの人に読まれるようになります。

努力をしなくても、頑張らなくても、必死にならなくても、「ありがとう」を言い続けているだけで、商品が売れていくのは、どうやら、「守護霊《しゅごれい》」が味方をしてくれるからのようなのです。

どうやら、私たちのいる三次元よりも、ひとつ格が上の四次元には、精霊、守護霊という方がいるらしいのです。そして、「私」のことを一番好きな精霊が、守護霊になってくれるみたいです。守護霊は、別の言い方では、「おかげさま（お陰《かげ》さま）」と呼びます。

「守護霊」は「シナリオを書いて生まれてきた私」が、その自分のシナリオをまっとうできるように、あれこれと働いてくれているようです。

けれど、「私」が「不平不満・愚痴・泣き言・悪口・文句」ばかり言っていると、「私」から離れていって、部屋の片隅にしょんぼりとうずくまってしまうようなのです。

しかし、そんな守護霊を呼び戻す言葉が、「ありがとう」みたいなのです。

守護霊は、なんと、人間の10の68乗（無量大数《むりょうたいすう》）人分の力を持っているようで、このことがわかってしまうと、必死になって人の何倍も努力するより、守護霊に「ありがとうございます」を言って、守護霊の力を借りたほうがいいと考えられそうです。

守護霊は「ありがとう」を言われると、嬉しいらしい。「守護霊が持ってきてくれたこと（目の前の現象）」に対して、「ありがとう、ありがとう」と受け入れている（感謝する）と、守護霊は、さらに楽しい現象を持ってきてくれるらしいのです。

043

物事がうまくいかないのは、「感謝」の気持ちが足りないから

私たちは未熟なので、「あれが足りない」「これが足りない」と言い続けていますが、「本当に必要なものは、すでに神様から与えられている」と考えることができます。

私たちは「週に1日は休みたい」「月の休みがほしい」「年の休みがほしい」と言います。でも、人間の臓器は、お休みをしていません。もちろん、夜も寝ていません。365日、働き続け、それでも臓器は「月に1回や2回、休ませて」とは言いません。

今、こうして生きていられるのは、休まないで動き続けている細胞や臓器のおかげなのに、そのことに「感謝」をせず、「足りないものばかり」に目を向けています。

私たちは、心臓や、肝臓や、膵臓といった臓器から、たくさんのことをしていただいています。それなのに、感謝を言ったことはありません。右手で心臓に手を当てて、「ありがとう」と言ってみてください。それだけで、心臓はやる気になるでしょう。

ご家族でパン屋さんを営む女性から、相談を受けたことがあります。

「10年間、小さなパン屋をやってきました。今まで、それなりに順調だったと思います。ただひとつだけ問題があるとすれば、売上が横ばいのままで、なかなか伸びていかないんです。売上を右肩上がりにするには、どうしたらいいのでしょうか？」

私は、その女性に尋ねました。

「パン屋さんは、朝が早いですよね。午前4時ころには起きて、パンを焼きはじめるのではないですか？」

「そうです」

「妻を手伝って、夫はそれを、10年間、一緒に続けてきてくれたわけですね」

「そうです」

「子どもはいますか？」

「2人います」

「子どもは、お店を手伝ったりしませんか？」

「小学校から帰ってくると、袋詰めなどを手伝ってくれます」

「10年間もやってこられたということは、お客さんにも恵まれているのですよね」

「そうかもしれません」

「では聞きますね。10年間、朝早く起きてパンを焼いてきた夫に、手を合わせて『ありがとう』と感謝をしたことはありますか？　仕事を手伝ってくれる子どもたちに、手を合わせて『ありがとう』と感謝をしたことはありますか？　ずっとパンを買いにきてくださったお客様一人ひとりに、『ありがとう』と感謝をしたことはありますか？」

その女性は「えっ！」と言ったきり、しばらく黙ってしまいました。

仕事熱心な夫がいる。仕事を手伝ってくれる優しい子どもたちがいる。いつもパンを買いにきてくれるお客様がいる。感謝すべきことは山ほどあるのに、そのことに気がつかない。「売上が上がらない」という一点だけに気持ちを奪われ、「神様なんとかしてください」とお願いする。それは、「神様に宣戦布告している」のと同じことです。

私が神様なら、「感謝をしない人」の味方につくことはないでしょう。「たくさんの恵みを与えているのに、どうして気がつかないのか。どうして不足していると思うのかと、疑問に思ってしまうでしょう。

それはあなたの「感謝が足りないから」かもしれません。「物事が思うようにいかない」と感じるとしたら、

044

自分で言う「ありがとう」のほうが、「2倍」以上のパワーがあるらしい

家に帰ったら、天井を見ながら、

「あー、私の人生って、ものすごくラッキーかもしれない」

と「ひとり言」を言ってみてください。

「ひとり言」は、周囲の人間の潜在意識に働きかけるようです。

「私の人生はすごく幸せ」という「ひとり言」を言うと、間接的に、「私が幸せなのは、あなたのおかげです」というメッセージとなって、聞いている人の潜在意識に届きます。そして、その「ひとり言」を聞いた人は、心地よさを感じる。**「この人の『ひとり言』を聞いていると、体が元気になって活性化するので、この人のそばにいたい、この人のためにいろいろなことをしてあげたい」と思い、味方になってくれるようです。**

逆に、天井を見ながら、

「あー、私の人生って、最悪」

という「ひとり言」を言ったとします。この「ひとり言」を聞いた人たちは、体の細胞がシュンとしてしまうみたいです。

なぜなら、「私が最悪な人生になったのは、あなたたちのせいだ」と言われているのと同じだからです。「私の人生って、最悪」という言葉を何度も聞いていると、体が重くなってくるので、もう聞きたくないと思う。この人のそばにいたくないので、そそくさと部屋から出て行くようになります。そして、「こんな人に何をやってあげてもだめだよね」と思って、敵にまわりはじめてしまいます。

「ラッキーだった」「ツイてる」という言葉は、四次元的なものに対する「お礼」のように聞こえますが、じつは、目の前の人に強いメッセージを投げかけているようです。

肯定的で喜びの言葉を言っている人は、その言葉を聞いた人を、全員「味方にする」ことができます。と同時に、その言葉を聞いた神仏《しんぶつ》・守護霊《しゅごれい》・精霊という四次元の方々も、味方にすることができるらしいのです。

何より、「ありがとう」は、言っている「自分」に大きな影響を与えています。

人間の耳の鼓膜の大きさは、約9ミリくらいですが、一方、人間が声を出すための声帯は、約18ミリほどです。

つまり、耳で聞いた「愛しています」「ありがとう」の音からは、両耳で「9ミリ＋9ミリ＝18ミリ」の影響を受けるのに対して、自分の声帯を震わせて発した「愛しています」「ありがとう」の音からは、18ミリ×左右の声帯＝36ミリの影響を受けると考えてもおかしくないと思います（しかも自分の声も耳で聞いています）。つまり、人から言われた言葉より、自分で言った言葉のほうが、自分の体に「2倍以上の影響」を与えると考えられそうです。

したがって、自分を元気にするためにも、「愛しています」「ありがとう」の言葉をなるべくたくさん言ったほうがいいと思います。

ということは、夜、寝ている夫の耳元で悪態をついていると、夫の体は弱っていきますが、その2倍以上の早さで、自分の体も弱っていくみたいです。

そんなことをするよりは、夫が起きているときにはなかなか言えない「愛しています」「素敵」「ありがとう」という言葉を、夫が寝静まってからこっそりと言ってみる。

すると夫はだんだん元気になり、そして、自分がいちばん元気をもらえるみたいです。

045

病気をしない、事故に遭わない、何も起きないで、日々を普通に過ごせることは、じつは「奇跡の連続」である

「ありがとう」を3年間で1000万回言い終わって、どんな現象が起きたのかを報告してくださった方がいます。

この方は、数年前に小学2年生の息子さんを小児ガンで亡くしていたのですが、その息子さんが、生前、不思議な言葉を、200個ほど、遺したそうです。

「お父さん、家族はね、分かち合うためにあるんだよ」

息子が、あまりにも突然に不思議な言葉を口にするので、そのすべての言葉を書き留めていました。そして、息子さんの死後、人に勧められて読んだ「小林正観の本」の中に、息子さんが遺した言葉の意味が書かれてあったのだそうです。

彼は私の宇宙論を信じるようになり、「ありがとう」を言い続けました。彼は、

「自分は獣医をしていて、科学的な立場の人間なので、ほかの人に言うと怪しい話になってしまうのですが、正観さんだけにお話しします」

と前置きしたあと、とても興味深い話を聞かせてくれました。

「たとえば、地元の商店街を車で通り過ぎるとき、繁盛しているお店をふと見ると、店員さんの姿に重なって、人の姿をした何者かが見えることがある。そして、操り人形のように、店員さんを動かしているのが見える」と言うのです。

さらに、「流行っている店には、じつは『神様（指導霊《しどうれい》）』がついているらしく、その人を二人羽織のように背後から動かしている何者かが存在しているのが見える」と言うのです。

「ありがとう」を1000万回言い終えてから、数年後のこと。「ありがとう」の数は「2000万回」を超えていたそうです。「2000万回を超えたあたりから、突然わかったことがある」と報告してくれました。

「それは、楽しいことも、おもしろいことも起きるわけでもなく、普通に、淡々と日々が過ぎていくことが、『これ以上ないほど、最高な幸せである』ということ」だそうです。

自分にとって、楽しくておもしろくて、ありがたいことが起きたから「感謝をする」としたら、それは、「感謝の本質」ではありません。

何も特別なことが起きない。ただ淡々と生きる。穏やかに日々が過ぎていく。「ありがたいこと」がなくても、「ありがとう、ありがとう」と言うことが、「１００％感謝」です。病気をしない、事故に遭わない、何も起きないで、日々を普通に過ごせることは、じつは「奇跡の連続」だといえるでしょう。

「お金も、時間も、手間暇もかけないと、楽しめない」という感性から、「何もなくても楽しみや幸せを感じられる」ように感性を磨いていくと、自分はいつも楽しい。「何も起きていなくて、普通に、淡々と日々が過ぎていくこと」は、「何も起きていない」のではありません。「宇宙からの最高のプレゼントが届いている」ということなのです。

「何事もない普通の日常に感謝をすること」ができたら、その人は、何もなくても何も起こらなくても、「ずっと幸せに生きていくこと」ができることでしょう。

第7章

Miracles of the Word "Arigato"

不平不満・悪口・文句を言わない

046

立場の強い人が、権力を行使しないことを「優しさ」と呼ぶ

ある会社の営業部の重役から、こんな相談を受けたことがあります。

「バブルがはじけてから約10年、全国に10カ所ある営業所を毎月、見回りながら、社員たちを叱咤激励《しったげきれい》し、営業成績を上げるために一所懸命やってきたが、どうしても、毎月の売上が目標額の1億円を超えない」

というのです。その方は、ありとあらゆる手を尽くしたけれども、「まったくダメだった」とおっしゃるので、私は次のようなお話をしました。

「営業部員の人たちに、『ちゃんとやれ』とか、『頑張れ』と叱責《しっせき》するかわりに、**『1日中歩き回ったのに1件も契約が取れなかったなんて、本当に大変だったね、ありがとう。ごくろうさま』**と言ってあげることもできますよね。もしかすると、本当はどこかでコーヒーを飲んでサボっていたのかもしれない。けれど、そういう人にも、『ありがとう。ごくろうさま』と『感謝』を伝えてみる。すると、言われたほうは、最初こそ『仕事なんかしてられるか』と思っていても、次第にあなたに協力しようと思うのではありませんか？　これからは、怒るのをやめて、かわりに『ありがとう』と、『感謝』の声をかけることにしたらどうですか」

3ヵ月後、再びその方にお会いしたのですが、ずいぶん様子が変わっていました。以前はとても恐い顔をしていたのに、穏やかな雰囲気になっていたのです。

じつは、10年間、何をやっても超えられなかった「目標額1億円」を軽々と突破し、今では、毎月1億3000万円〜1億4000万円ほどの売上があるそうです。

「あれから叱咤激励をやめ、成績がよくても悪くても、営業部員に、ただ『ありがとう』と『感謝』を伝えていたら、なんの苦労もなく、売上が上がったんです。私自身は、この3ヵ月間、仕事らしいことは、何もしていないにもかかわらず、右肩上がりの状態が続いています」とのことでした。

ある保育園の先生から「毎日大声を出して注意をしているが、子どもたちが全然、言うことを聞いてくれない。どうしたらいいでしょう」と相談されたことがあります。

私の答えは、「では、小さな声でしゃべってみてください」。

その先生は、「大声を出しても聞かないのに、小さな声で聞くわけない」とおっしゃるので、私は「小さな声でしゃべれば、いいんですよ」とお伝えしました。

それでも不満そうにしていましたが、その方は、毎日大声を出しているせいで、しゃがれ声しか出なくなっていたので、小さな声で話しかけてみることにした。

すると、子どもたちが身を乗り出して、先生の話を聞くようになったそうです。


「権力や立場の強さを持っている人」が、自分より弱い立場の者に対して、権力を行使しないことを「優しさ」といいます。


上司だから、親だから、先生だから、という理由で威張っていいわけではありません。強い立場の者が、弱者の目線に降りて立場の強さを行使しないことが「優しさ」なのです。もし、「この優しさの概念」が、すべての人の共通認識となったら、子どもたちのいじめもなくなる気がします。

ただ、「優しさ」を言葉で説明するのはむずかしいので、強い立場の人たちが優しさを「実践」し、「ありがとう」を口に出してみることが大切だと思います。

047

私たちは「投げかけた言葉」そのものに囲まれる人生を歩む

自分が向き合っている現象に対して、「自分の思い通りにできないこと」が、多くの人の「悩み」になっています。でも、じつは、「幸も不幸も、そう思う心があるだけ」です。自分の「思い」をなくせば、「悩み」は消えてなくなります。

私たちは、「ゼロ（中立）」の現象を、自分の感覚で感想を言い、評価論評しながら、「気に入らない」と言っているだけなのです。

相手を変えようとか、自分の目の前の現象を変えようと思っているうちは、問題は解決しません。宇宙には、もともと「問題などない」からです。

問題などはないのに、「私」が「問題だ、問題だ」と言っているだけなのかもしれません。小林正観は、よく「職場にこんなひどい人がいて、上司が厳しい人で怒って怒鳴ってばかりで、取引先にも理不尽な人がいて困っています。どうしたらいいのでしょうか？」といった質問をいただくのですが、私の答えは、

「で、何が問題なんですか？」

「辞めたいんですか？」と聞くと、

「いいえ、辞めたいわけじゃないんです」

「辞めたくないということは、勤めていたいんですね」

「勤めていたいんですけど、上司がこんな人で」

「じゃあ、辞めたいんですね？」

「いや、辞めたくはないんですけど、ひどい人ばかりで」

「で、何が問題なんですか？」


辞めたくないのなら、文句を言わないでやればいい。辞めるのなら、文句を言わないで辞めればいい。どちらかです。どちらにしても、「文句を言っていること自体」がいちばんの問題です。その状態の原因をつくっているのは「その文句」だからです。

宇宙には、「投げかけたものが返ってくる。投げかけないものは返らない」という法則があるので、「辞める、辞めない」よりも、「不平不満を言うか言わないか？」のほ

うが重要な意味を持ちます。

たとえば、家族に対して、穏やかで、にこやかな投げかけをずっと続けてきた人は、自分自身も、穏やかで、なごやかな空気に囲まれます。

反対に、怒って怒鳴って荒い言葉を投げかけてきた人は、同じように、自分もその状況に囲まれることになります。

不機嫌を投げかけていけば、不機嫌を自分が招くことになります。笑顔でまわりに話をしていれば、笑顔に囲まれることになります。

投げかけたものが、自分をつくります。だとすれば、「不平不満・愚痴・泣き言・悪口・文句（私はこの5つを「五戒《ごかい》」と呼んでいます）」を言わないで、「嬉しい・楽しい・幸せ・愛してる・大好き・ありがとう・ツイてる（私はこの7つを「祝福神《しゅくふくじん》」と呼んでいます）」といった「肯定的な言葉」を口にしたほうがいい。

その人の口から出てくる言葉が、常に人を和らげるものであり、あたたかくするものであり、力づけるものであり、励ますものなら、その人は、「投げかけた言葉そのものに囲まれるようになっていく」のです。

048

「大変なこと」を笑顔で受け止められるかが、人生のテーマ

講演会が終わったあと、30歳くらいの男性に、最寄り駅まで車で送っていただいたことがあります。駅に向かう車中で、彼はこんな話をはじめました。

「じつは、3カ月前にも、正観さんの講演会に参加したことがあったのですが、そのときは自分の中で忸怩《じくじ》たる思いがあって、明るく振る舞うことができなかったんです」

私が「なぜ、明るくなれなかったのですか？」と聞いたところ、「病気で人工透析をはじめたばかりだったので、暗澹《あんたん》たる気分になっていた」そうです。

「3カ月経った今でも、なかなか明るい気分になれない」という彼に対して、私は、こう言いました。

「すべての人が大変な問題を抱えています。けれど、その大変な問題を、いちいち口にしていないだけです」

彼の車には、私以外にも、講演会の参加者が3人乗っていたのですが、その中に、にこやかで、穏やかで、落ち着いていて、あたたかな笑顔で、女優のような容姿をした女性がいました。私は、この人のことを詳しくは知りません。この人は、明るく、穏やかに、にこやかに過ごしているように見えます。でも、人相学を学んだ私から観ると、それだけではないような気がしたのです。そこで私は、「じゃあ、Aさん」と、私はその女性に話しかけました。

「私は、あなたとまだ、講演会の席で、5～6回しか会ったことがないので、あなたのことを詳しくは知りません。しかし、あなたの顔を観ると、単に明るく楽しいというだけではなく、ものすごく大変なものを抱えながら、それを笑顔で包み隠しているように思えます。何かを抱えていませんか？」

それから10秒ほどの沈黙のあと、その女性は「ワーッ」と大きな声で泣き出したのです。沈着冷静で、感情の起伏がない穏やかに見えた女性が、まさか声を立てて泣くとは思わなかったので、車内のみんなが驚きました。

私が「何を抱えているのですか？」と聞くと、彼女は、「私は3つの難病を持っていて、医師からは、そのうちのひとつが原因で、『10年後に手足が動かなくなるかもしれない』と宣告されています」と答えました。

そして彼女は、運転している彼に向かって、こう言いました。

「人工透析で、自分が不幸だと思っているのでしょうが、もっと大変な人はいます」

彼女は、死にたいほどの問題を3つも抱えていながら、それでも笑顔で生きてきたのです。人生を悲しんでいることは、まったく、おくびにも出していませんでした。

1カ月ほど経って、彼がまた私の講演会に来ました。すると今度は、とても明るい顔をしていたのです。彼女から、「もっと大変な人がいる」と指摘されたことで、「自分だけが、苦しんでいるのではない。すべての人が大変な問題を抱えている。それを『大変だ』と言わないで、みんな笑顔で生きている」ということに気がついたようです。

「あなた」だけが、大変な思いをしているのではありません。みんな大変な思いをしています。だから、そのような問題を「大変だ。大変だ」と言わないこと。いちいち評価・論評したり、感想を言わないこと。**それを笑顔で受け止めながら（感謝しながら）、生きていけるかどうかが、「人生のテーマ」なのです。**

049

「許せる」範囲が広がれば、この世から争いはなくなる

人間が怒ったり、腹を立てたりするのは、「正義感」や「使命感」から生じていることが多いようです。

自分が正しくて、相手が間違っていると思ったときに、人間は腹を立てます。「自分はちゃんとしているのに、ほかの人はちゃんとしていないじゃないか」と他人を糾弾《きゅうだん》しはじめた瞬間に、じつはそれが「怒り」「憎しみ」の源になってしまいます。

一般的に「正義感」や「使命感」を持つことは、よいことだと思われていますが、そういうものを持った人は、喜びや感謝よりも、多くの憎しみ、怒り、苛立ちを、宇宙に投げかけることになります。

「裁く者は裁かれる、裁かぬ者は裁かれない。許す者は許される、許さぬ者は許されない」とキリストは言ったと、テレビで放映しているのを見ました。

この言葉を私は、次のように解釈しています。

「裁く者の心は砂漠。許す者の心はラクダ」

自分の気に入らない人を裁いているとき、裁く者の心は、不毛で、うるおいのない、「砂漠」のような状態になっています。私たちがこの世で問われているのは、他人の人生に干渉することではありません。「自分がどう生きるか」です。

人を裁いて、「許せない、許せない」と狭い心で糾弾しているよりは、「そういうこともある」とニコニコ生きているほうが「ラク」です。「正義感」や「使命感」が強ければ強いほど、生きるのが苦しくなります。なぜなら、自分以外の人を「許せないから」です。


年間100回以上講演会をしていた人の中で、「小林正観がナンバーワン」といえるものがひとつだけあります。それは「使命感のなさ」です。

よく私の講演会のはじめに、みなさんにお伝えする約束事があります。「眠くなった人は、寝てしまってかまいません」と。「寝ている人がいるという理由で腹を立て、講演の途中で帰ってしまった講師がいた」という話を聞いたことがあります。

しかし、私の場合は、寝言、イビキ、歯ぎしりをしていてもかまいません。携帯電話の電源も切らなくていいです。話の途中の入退場も自由、飲食も自由、体がなまった人は体操、動き回るなども自由です。相手にも自分にも、緊張を強いるのは、「本質」ではありません。

私は、何かを聞いてほしいとか、世の中に何かを伝えたいとか、生き方の提案をしているわけではありません。「いい話だった」と言われても、誰も笑顔にならないような講演会なら、やりたくないと思っています。

私自身は多い年で年間330回ほど講演の依頼がありましたが、「正義感」や「使命感」は0％。ただ「頼まれる」ので、すべて断らないでやっているだけです。それが、自分にとってもっとも「ラク」な生き方なので、淡々と話をさせていただいています。

私のように「人間はそもそも、たいしたものではない」と認識している人は、他人を糾弾しないし、憎んだり恨んだりしません。**一方で、正しいことを行っている人は、「正しい」ということをベースにものを考えたときに、人を裁きたくなります。**

ですから、「正しい人」にならないほうがいいようです。「正義感」「使命感」を持って生きるよりも、自分の「心の許容範囲」を拡げてしまうほうが、楽しく生きられるのではないでしょうか。

050

宇宙は
「この人に特別な幸せを与えよう」と思うと、
一般的に「苦労・不幸・挫折」
と呼ばれるものを与えるらしい

会社の倒産、リストラ、病気、交通事故などに見舞われて、「自分は運が悪い」と思ったことが、誰にでもあるかもしれません。しかし、それは狭い考え方です。

どうやら宇宙は、「この人は、すごくおもしろい人だから『特別な幸せ』を与えよう」と思って、一般的に「苦労・不幸・挫折」と呼ばれているものを与えているようです。

時計の振り子を使って、説明しましょう。

今、振り子が「6時」（一番下）の位置にあるとして、それを9時（左横）の位置に持って行こうとするとき、宇宙は、どのようにすると思いますか？

反対方向の3時（右横）の位置まで持っていき、そこで手を放すのです。すると振り子は6時をすぎて9時の位置まで行きます。

はじめの「6時から3時まで引っ張られている状態」が、いわゆる一般的に「苦労・不幸・挫折」と呼ばれているものです。この状態のときに、「不平不満・愚痴・泣き言・悪口・文句」を口にしないかどうかを、宇宙から問われています。

6時の位置にある振り子を「5時」まで引っ張っても、「7時」までしかいきません。

つまり、大きく引っ張るほど、その分と同じ大きさのエネルギーをいただくことになります。ですから、「苦労の多い人生じゃないか！」と、論評や評価をする必要はありません。「不平不満・愚痴・泣き言・悪口・文句」を言わなければ、それと同じ大きさの「ご褒美」が待っているからです。

40年間、人間観察をしてきましたが、「愚痴や泣き言」の多い人ほど、面倒な現象に見舞われている気がします。「こんなに大変なことがあって苦労ばかりなので、感謝なんてできない」と言う人がいますが、それは逆です。

「つらい」「悲しい」と不平ばかり言っている人には、宇宙は支援してくれません。**愚痴や泣き言を言っているから、そういう現象が起こるのが、「宇宙の構造」のようです。**

目の前の現象を喜んだり、おもしろがったりして笑顔で暮らしていると、神様は「もっと喜ばせよう」として、「さらに笑顔になるような出来事」を起こしてくれます。

「今までと現象は変わらなくても、愚痴や泣き言を言うのはやめよう」と決意し、実践した人たちが私のまわりにはたくさんいます。おもしろいことに、言うのをやめたところから、「笑顔になるような出来事」が起きはじめています。

臨死体験の経験がある人たちの話によると、肉体が死んであの世に行くとき、私たちは神様から、「あなたはどれだけ人生を楽しんできたか?」を問われるのだそうです。

私たちが今、この世に生きているのは、魂が「体という着ぐるみ」を着ている状態のようです。体を維持するためには、食べたり、飲んだり、寝たりしなければいけませんし、管理するのは、意外と手間がかかります。

しかし、肉体の制約があるからこそ、味わえる楽しみもあります。人と握手をしたり、抱き合ったり、食事のおいしさを感じたり、病気をすることで人のあたたかさや優しさを感じることもできます。

私たちは、「肉体を持って生きること」と、「魂だけで生きること」の両方を味わうことはできません。どちらがよいかは比べられないし、考える意味もないでしょう。

それならば、「今生《こんじょう》」は今生でしか体験できないことをすべて味わい、自分の存在がまわりから喜ばれるように、思い切り楽しんで生きることにしませんか?

051

「努力をしたから、望みがかなう」という因果関係は、宇宙にはないらしい

ずいぶん前のことですが、岩手県の金田一温泉《きんだいちおんせん》にある「緑風荘《りょくふうそう》」という旅館に、全国から数十人の仲間が集まって、宿泊したことがあります。緑風荘は、「座敷《ざしき》わらし」が目撃されている有名な宿です。目撃した人は、数多くいるそうです。

座敷わらしは、「槐の間《えんじゅのま》」と呼ばれる部屋に、多く姿を現すらしく、「槐の間」は、当時、「かなり先まで予約が埋まっている」ほど人気があったそうです。そこで、別の部屋を予約したのですが、当日、緑風荘に着いてみると、「槐の間」のお客様が何時になってもいらっしゃらない。

結局、当日のキャンセルが出て、「槐の間」を開放していただくことができました。

これまで「槐の間」が、当日に空いた日は、「ほとんど、なかった」と聞きました。

（【※編集部注】：現在、「槐の間」は、基本的には宿泊者の「共有スペース」で、宿泊することはできないとのことです）

また、30人ほどで、山梨県の下部温泉《しもべおんせん》に国内旅行をしたときのことです。下部温泉の近くにある湯之奥金山《ゆのおくきんざん》博物館で、砂金採りをしました。砂利の中に金の粒が埋まっていて、皿ですくって、すくった金は持ち帰ることができます。

幅1メートル、長さが10メートルくらいの場所で砂金を採ったのですが、30人が順番に入っていったので、金をすくう場所を自分で選ぶことはできませんでした。

いちばん多くすくった人は、44粒。私はたった「5粒」で、参加者の中で一番少なかった。ところが、数は少なくても、「量」は、私がいちばん多かった。5つの粒はどれも大粒だったので、44粒採った人よりも、私の方が総量としては多かったのです。

「槐の間」に当時宿泊できたのも、大粒の金をすくえたのも、共通しているのは「私はまったく努力をしていないし、自分の力でどこかに働きかけたわけでもない」ということです。それなのに、やることなすことうまくいったのは、どうしてでしょうか？

それは、「宇宙や神様を味方につけているから」でしょう。私は、ありとあらゆることに、「不平不満・愚痴・泣き言・悪口・文句」を言わない人生を歩いてきました。

大学2年のとき、父親に、「家業を継がないのなら出て行け」と言われたときも、「はい、わかりました」と出て行きました。それ以来、親に泣きついたり「助けてほしい」

と言ったことは、一度もありません。それでもアパート代、電話代、電気代、水道代、光熱費などのお金を滞納したことが一度もない。ずっとお金に困りませんでした。30歳で結婚して、なかなか子どもができなかったときも、文句を言わなかった。やっと生まれた子どもが知的障害を抱えていたときも、愚痴や泣き言を言わなかった。

100人のうち、99人が愚痴や泣き言を言うような状況に置かれたことが何度かありますが、私は、一度も愚痴や泣き言を言わなかったのです。

どうやら、自分の努力とは関係なく、人生がどうなるかは「決まっている」ようです。私は、別に、「努力をしてはいけない」と言っているのではありません。

努力をして、自分の望みがかなったという人もいる。努力をしても、かなわなかったという人もいます。**けれど、「努力をしたから、望みがかなう」という因果関係はないようです。**努力をしてもしなくても、関係がないのです。それよりも「神様や宇宙が起こしてくれた現象について、不平不満・愚痴・泣き言・悪口・文句、を言うか言わないか」によって、人生のおもしろさが決まるのだと思います。

052

現象が「ゼロ」なら、「プラス」にとらえた方が、人生は楽しい

「寒いので暖房を強めてくれませんか」と言うのは、コミュニケーションとしての言葉ですが、朝起きて、「あぁ、寒い」と言うのは、じつは、「天気の悪口」です。

「今日は天気が悪いわね」「寒いね」「暑いね」といった言葉は、「客観的事実を述べただけだ」と考えることもできますが、本当にそうでしょうか。

「天気によいも悪いもなく、そう思う心があるだけ」というのが、客観的事実です。

すばらしい風景すら、じつは何も理由なく存在している「ゼロ（中立）」の現象にすぎません。雨が降って嫌な気分になるのも、晴れた日に清々しい気分になるのも、そう思う心があるだけ。「雨が降った」「晴れた」という現象に対して、「私」が、「プラス（よい）」や「マイナス（悪い）」の評価をしているにすぎません。

私は、たくさんの方から人生相談を受けますが、現象はすべて「ゼロ」であり、「『そう思う心があるだけ』という見方をすると、ラクですよ」とお伝えしています。

私も、若いころは、「人間は、喜怒哀楽の感情があり、煩悩を持ち、弱く不完全な存在なのだから、気に入らないことがあったら、愚痴や文句を言うのは自然だ」と考えていました。

けれど「現象はすべてゼロ」であることに気がついてからは、「私のまわりで起きることは、すべて私がそう思う心があるだけ」という考え方に変わりました。

天気の悪口は、天に向かって「あなたのやっていることは気に入りません」と「不平不満・愚痴・泣き言・悪口・文句」を投げかけていることと同じです。

「ゼロ」の現象をわざわざ「マイナス」にとらえ直しているだけです。

現象が「ゼロ」なら、「プラス」にとらえた方が、人生は楽しいと思います。

以前、友人たちとドライブをしていたときのことです。カーブを曲がったらいきなり夕焼けが広がっていて、とてもきれいな風景だったので、「わぁ、きれい」と同乗している人たちが言いました。しかし、ひとりだけ、「こんな夕焼け普通ですよ。いくらでもどこにでもありますよ」と言った人がいました。

彼の発言には、２つの問題が含まれています。

ひとつは、人が「きれいだ」と言っていることに対して、「わざわざ否定的な感想を言わなくてもよい」ということです。もうひとつは、「頻繁にあるからといって、喜ばない理由にはならない」ということです。

目の前の現象に否定的な感想を言って楽しいのなら、「どうぞ」というのが私の考えです。

けれど、毎日の天候についてすら否定的な感想を言う人は、家族関係、職場の人間関係、仕事、恋愛、その他、自分をとりまくすべての事象についても「問題」を探し出すので、永遠に悩み苦しみがなくならないと思います。

053

「なぜ、なぜ？」と問いかけた瞬間に、その現象を「否定」していることになる

心の不健康は、「他者を責める」か「自分を責める」か、そのどちらかによって生まれます。


他者を責めれば、攻撃的になり、ときには犯罪を犯したり、人を傷つけたりします。

自分を責めれば、心が不安定になって、「うつ状態」になることもあります。

そのどちらも、目の前の現象を否定し、「なぜ？」「誰のせい？」と問いかけることからはじまります。


聖書の中に「汝《なんじ》、なぜかなぜかと問いかけることなかれ」という言葉があります。

私に相談や質問をされる方の多くは、「なぜ、なぜ？」とおっしゃいますが、問いかけた瞬間に、問いや相談の形をとってはいますが、「その現象を否定」しています。


自分の身に降りかかってくることについて、いちいち問いかける必要はありません。

「それはそれで、よし」と思い、

「タ行たんたん　ナ行ニコニコ　ハ行ひょうひょう　マ行もくもく」

で生きていくと、人生は「ラク」です。

たとえば、不登校の子どもがいたときに、「これは誰のせいか？」と追求しはじめると、キリがないでしょう。

夫が怒鳴っているから。夫婦関係が悪いから。甘やかして育てたから……。原因を求めても、問題は解決しません。

何も責めず、現象を否定せず、「風にふかれて川に流されて」生きていけば、それでいいのです。

私たちが人生でできることは、「頼まれごとをやる」。ただ、それだけです。

好きだから、嫌いだから、という生き方のほかに、もうひとつの生き方として「頼まれごとをやる」という生き方があります。

私の場合はこれだけです。しゃべりたくて講演会をやっているのではなくて、頼まれて、やるハメになったから、ただ素直に「ハイ」と言ってやっているだけです。それだけで、けっこうおもしろい人生が展開しています。

ある方から、「私に向いている職業は、どんなものでしょうか」という質問をいただいたとき、私は、次のようにお答えしました。

「自分の好き嫌いで仕事を選んでいるうちは、宇宙も、神様も、仏様も、味方をしないような気がします」

宇宙や神様は、目の前に、「いつも楽しい人生」を提示してくれています。

しかし、それを個人の好き嫌いで選《よ》り分けると、神様は、「もう、教えてあげるのはやめよう」と、提示を止めてしまうみたいです。

風と川の流れに逆らわずに生きていく。自分にまわってきたことをやる。何かの縁で声をかけられたり、頼まれたりしたら、それをやる。「どんな仕事でも、誠実に、真摯に、真面目にやる」、それに尽きると思います。

自分の希望を振りまわしたり、希望通りのものを探すのではなくて、「とりあえず、頼まれたことを一所懸命やる」という生き方を選ぶことです。

「好き嫌いは言いません。頼まれごとを誠実にやります」という人に、神様や宇宙はにっこりと微笑むような気がします。

054

「ツイてる」と言っているだけで、神様が味方をしてくれるらしい

建築関係の会社を経営している50歳くらいの男性（Aさん）から、次のような相談を受けたことがあります。

「20年以上ずっと研究をして、ようやく建築上の『特許』を取りました。この特許を建物に実現すれば、鉄筋がなくても建物が壊れにくくなります。ですが、ものすごく膨大なコストがかかるんです。そこで、出資者を募ろうとあちこち回り歩いているのですが、誰も出資をしてくれません。話に乗ってくれる人がひとりもいないので、うんざりして疲れ果てています。その結果、妻や社員に怒鳴り当たり散らしています」

Aさんは、行く先々で、「誰ひとり、自分の話に乗ってくれない」という不満を、口にしていたそうです。

自分が「いかにツイてない」か、自分が「いかに神様から見込まれていない」か、という話をして歩いているのですから、「味方」ができないのも、無理はありません。

たとえ特許の内容が優れていても、この人に出資して自分もいい夢を見てみよう、と思う人はいないでしょう。「ツイてない、ツイてない」と公言している人に出資をしても、うまくいくとは思えません。

「自分の思う通りにならない」とあちこちで言い続けている人は、「自分がいかに恵まれていないか」を、わざわざ広めて歩いていることにほかなりません。

Aさんは、「思うようにいかない」「何とかしてください」と、あちこちに説明に行って、訴えかけていました。つまり、「ツイてない」「神様が味方をしてない」と、言い続けてきたわけです。

特許技術の話よりも、何倍も重要なのは、「自分の身のまわりの日常生活がとても恵まれていて、ラッキーかどうか？」です。仮にAさんが、

「たまたま思いついたことを特許申請したら、特許が取れました。私は、ものすごくツイてると思うのですが、そのツイていることの延長線上で、今、会社を興そうという動きになっています」

といった内容をニコニコと話していたら、「私も出資したい」という人が出てきたかもしれません。

仕事がうまく展開しないから、イライラして、家の中では妻に当り散らし、子どもをはけ口にして怒鳴り、不機嫌で暴君になっている。会社の中では、部下や後輩を怒鳴りつけている。このように、いつも怒鳴っている人に対して、神様は、「支援してあげよう」とは思わないでしょう。

Aさんは、「物事がうまくいかない」から不機嫌になっていると思っていますが、そうではありません。その逆です。

「不機嫌になっているから、うまくいかないし、誰も味方になってくれない」のです。

Aさんが、妻にも、子どもにも、まわりの友人にも、会社の社員にも怒鳴らないで、「自分には、こんなによい家族やよい仲間がいた」と気がついて、「ありがとう」を言いはじめたら、妻や子どもや、会社の社員が味方になってくれます。

そして、その様子を見ていた神様も、Aさんの味方になってくれることでしょう。

055

「人間は、たいしたものではない」と知れば、「争いごと」は起こらない

あるとき、親鸞《しんらん》（浄土真宗《じょうどしんしゅう》の宗祖《しゅうそ》）は、檀家《だんか》さんから、「親鸞上人《しんらんしょうにん》さんは、もちろんすばらしいお方ですが、お弟子さんたちも、みなさん、すばらしい人格を持った方々ばかりですね」と言われ、こう答えたそうです。

「私には、弟子はいません。この人たちはみな、私の師匠です」

親鸞は、「善人なおもって往生《おうじょう》を遂《と》ぐ、いわんや悪人をや」という言葉を残したといわれています。

「善人は、心穏やかな死を迎えることができる。しかし、悪人は、もっと神仏に近い死を迎えて極楽往生を遂げる」という意味でとらえられるそうですが、この考え方は、「悪人正機説《あくにんしょうきせつ》」と呼ばれています。

この「悪人正機説」は、いろいろな解釈がされているのですが、どうも親鸞の真意が正しく伝わっていない気がします。

ある人が、「悪人正機説」を次のように説明していました。

「この世で善人の役割をやってくださる人は、それなりにありがたい存在だが、悪人の役割をしてくださる人は、もっとありがたい存在である」

じつは、「私の解釈」は、まったく違います。

私は、宇宙のしくみを研究している立場として、「親鸞という人が、いったい何に気がついたのか？」ということに興味を持ちました。そして、言葉の解釈ではなく、「親鸞が何を言いたかったのか？」を考えてみたのです。

その結果、次のような、私の解釈に至りました。

「自分を善人で立派なものだと思っている人は、大往生を遂げるかもしれない。しかし、自分は悪人で、どうしようもないやつだと思っている人のほうが、本当の仏である。自分で自分のことを善人だと思っている人よりも、自分を悪人だと思って苦しんでいる人のほうが、より仏に近い」

おそらく、親鸞は、「『自分は、たいしたものじゃない。悪いことをたくさんしている、ろくでもないやつだ』ということをわかっている人のほうが、より仏に近い」と言いたかったのではないでしょうか？

「人間はたいしたものではないんだ」と思い切る気持ちが、親鸞にはあったようです。「自分はたいしたものじゃないんだから、自分のところに来ている人たちは、弟子ではなくて師匠である」。そう思っていたから、弟子たちをつくり変えたりしなかったし、自分の思い通りに動かそうともしなかったのでしょう。

このことがわかると、「『正義感』『使命感』がどれほどマイナスのエネルギーか」ということに気がつきます。

憎しみや恨みというものは、すべて「自分が正しい」と思ったところからはじまります。たとえば、みなさん全員が、「自分は正しくて、善人だ」と思っているとします。すると、「善人と思い込んでいる集団」というのは、常に闘いと争いを引き起こします。けれど、「自分が間違っているかもしれない」と思ったら、闘いや争いにはなりにくい。

もし地球上が、「自分は間違っているかもしれない」「罪を犯しているかもしれない」「たいしたものではない」と思っている人間ばかりになったとしたら、地球上から「争いごと」はなくなるのではないでしょうか？　私はそう思います。

第8章

Miracles of the Word "Arigato"

「受け入れる」

056

「すべてを受け入れる」ことで、悩み・苦しみはなくなっていく

ある女性が、涙ながらに、このような電話をかけてきました。

「夫が脳腫瘍だとわかりました。余命は、2～3年だそうです。どうしたらいいでしょうか。つらくて、つらくて、しょうがありません」

私は聞きました。

「今、あなたが話している内容は、『夫の脳腫瘍を何とかしてくれ。治してくれ』ということですか？　それとも、『つらくて、つらくて、しょうがない。落ち込んでいる気持ちを何とかしてくれ』ということですか？　どちらですか？」


ある現象が起きて、「悩んで苦しい思いをしている」「どうしたらいいでしょうか」と質問をするとき、ほとんどの人は、その現象がひとつだと思っています。**ですが「夫が脳腫瘍で、2～3年で死ぬかもしれない」という事実と、「それに対して自分が悲しくてつらいと思っている」という感情は別のこと、つまり「2つの現象」です。**

それから、私は彼女にこのように話しました。

「『夫の脳腫瘍を治してほしい』と私に要求してくるのは、筋違いです。それは医者の領域だから、医者に任せるべきです。私は医者ではないので、治すことはできません。だから、そのことで電話をしてきたのではないですよね。でも、本人がそれによって、つらく悲しい思いをしているのだったら、それについては相談に乗れます」

この方は、しばらく整理ができなかったようですが、少し間があってから、このように言いました。

「私は、病気のことではなくて、落ち込んでいる気持ちを何とかしてほしい、と思って電話をしたのだと思います」

わかってくださったようなので、私はこう言いました。

「じゃあ、答えを言います。自分のつらく悲しい感情というのは、その現象を否定しているからであって、その現象を受け入れれば、どこにも悩み苦しみは存在しません」

2、3年後に、ご主人が死んでしまうことを受け入れる。すべてを受け入れて（すべてに感謝して）、「思い」を持たなければ、悩み・苦しみは生じません。

もしかしたら、この方は、ご主人に尽くしてこなかったのかもしれません。もし全身全霊を込めて、夫に対して自分ができることをやってきたとしたら、つらい思いはしなかったはずです。この方が「夫に対して一所懸命に尽くしてきた」という手ごたえがあったならば、たぶん泣き崩れることはなく、すぐに気を取り直したと思います。

それから、こういう話をしました。

「あなたにできることは、ご主人が『君に会えてよかった。君を妻にしてよかった。一緒に暮らすことができてよかった。君のおかげで本当に幸せな人生だった』と言いながら死んでいけるように、ご主人のために尽くしてあげることではありませんか？」

そのように尽くしてあげて、ご主人に「晩年がすごくあたたかいものだった。脳腫瘍になってよかった」と思ってもらえたら、ご主人にとって、脳腫瘍になった2〜3年は「天国」になるでしょう。そして、ご主人に「天国」を味わわせてあげた妻は、「天使」だったことになる。だとしたら、「天使」になってあげたらいかがですか。

「2〜3年で死ぬかもしれない」という事実を認め、その日に向けて、今できることを全部やっていく。これを「受け入れる（感謝する）」といいます。

057

「自分が、今、どれほど恵まれているか」に気がつくことこそが、本当の幸せ

私がホテルでエレベーターを待っているとき、「白い杖」をついた男性が目に入りました。視覚障害をお持ちのようです。この男性が、「えーっと、どなたかホテルの人はいますか？」と声を出しました。

私の後ろに、ちょうど、荷物を押しているホテルの女性スタッフがいました。女性スタッフが「はい」と答えると、白い杖を持った男性は、「〇〇の湯はどこにありますか？」と聞きました。

女性スタッフは、男性が白い杖を持っていることに気がつかず、「あちらです」と指を差しました。指の先に看板があって、「〇〇の湯」までの案内が書かれてあります。

「あちらです」と言われても、男性は目が見えないので、どこに行けばいいのかわかりません。杖を持った男性は、女性スタッフに、「ちょっと肩を貸してくれませんか？」と声をかけました。

女性スタッフは、ようやく、「男性が、視覚障害を持っている」ことに気がつき、「すみません」と謝りながら、彼に近寄って行ったのです。

この光景を見ていて、感じたことがあります。

私は、目が見えなくなったことはありません。目の見えることが当たり前で、「看板はあちらです」と言われたら「ああ、あっちなんだな」とすぐわかります。

でも、目の見えない人にとって「あちらです」と言われたことは、当たり前のことではなかったのです。


生まれてから一度も、目が見えたことがない人がいます。ある目の見えない知人から、「自分の親を1秒でいいから見てみたい。死ぬまでに一度でいいから、一瞬でも、0・1秒でもいいから見てみたい」「結婚した相手の顔を、1秒でも0・1秒でもいいから見てみたい」「自分の子どもの顔を、1秒でも0・1秒でもいいから見てみたい」と思いながら、生きていると、うかがいました。

私たちは、目が見えなくなったことが一度もない、という状況にありながら、ほとんどの人が、目が見えるのが当たり前だと思って、感謝をしていません。

「目が見えたら感謝をしたい」と言いながら生きていて、それがかなわない人もいる。

しかし、私たちは、ずっと目が見えているにもかかわらず、目が見えることに感謝をするどころか、「あれをよこせ」「これをよこせ」「あれがほしい」「これがほしい」と言い続けているのです。足りないものをどんどんリストアップして、「それが手に入らなければ幸せではない」と考えています。

私は、酒も、タバコも、パチンコも、マージャンも、一切やりません。週の休みがない、月の休みがない、年の休みがない、生涯休みがない。「何が楽しくて生きているのですか？」と聞かれるのですが、ただ毎日、幸せを噛み締めて生きているだけです。

この本を読む前と、この本を読み終わった後のみなさんの「状況」は、何ひとつ変わっていないでしょう。

しかし、「幸せは、そう感じる心があるだけ」ということがわかったら、状況は何も変わっていなくても、「今の自分は、幸せの真っ只中にいる…」と思えるのではないでしょうか。

058

「あのときの不幸」は、
「今の幸せ」を得るために、
どうしても必要だった

すべての人が指をさして「これが幸せだ」と言えるものが、この世に、あるでしょうか？

たとえば、AさんとBさんにとって「幸せ」なことでも、Cさんにとっては、「幸せではない」かもしれません。

そう考えると、100％すべての人が、絶対的な価値を持って「これが幸せだ」と思えることは、地球上には存在しない。それが私の結論です。

幸せは、「感じた人にのみ存在」します。感じた人にのみ、「幸せ」が生まれるのです。

同様に「不幸」という現象も、この世には存在しません。

たとえ、どれほどお金を持っていても、その人が「不幸だ」と思っていれば、その人は「不幸な人」になります。

逆に、お金がなくても、環境に恵まれていなくても、本人が「幸せだ」と感じていれば、それが幸せになるのです。

今日、自分にとって「幸せだ」と思える出来事があったとします。すると、「昨日までのケンカや争い、病気や事故なども、すべてが『今日の幸せ』に至るための要因だったこと」がわかります。

逆に、今日、「私ほど不幸な人はいない」と思うと、「昨日までの出来事が、すべて『今日の不幸』の原因」になってしまいます。

昨日までは「自分は不幸だ」と思っていても、今日、よいことがあれば「私ほど幸せな人はいない」と思い、昨日までは「自分は幸せだ」と思っていても、今日、悪いことがあれば「私ほど不幸な人はいない」と思います。

つまり、「幸」と「不幸」は、オセロゲームのように「白」と「黒」が、すぐにひっくり返るものなのであり、「私の気分ひとつ」で決まります。

「幸せ」とは、「幸せという現象」があるわけではなく、「そう思う心があるだけ」です。今日が「幸せ」と思えるのなら、その「幸せ」を連れてきた過去に対しても、感謝できるのではないでしょうか。

人間は未熟なので、目の前の出来事について、「よい、悪い」「幸、不幸」と評価してしまいがちですが、長い目で見ていくと「今、起きている悪いこと」が、不幸なことだとは言い切れません。

なぜなら、のちに幸せを感じたとき、「今の状況に至るためには、その出来事が必要だった」「あの体験のおかげで、いろいろな人に出会えた」ということに、気づけるからです。

人生は、「前半分と後ろ半分」が「ワンセット」になっていて、前半の部分がなければ、後半の「幸せ」を感じることもできません。

「空腹」という前半の現象がなければ、後半に「おいしい」と感じることもありません。**「幸せ」という現象を「私」が感じるためには、その前半分の現象として、一般的に「つらく、悲しく、苦しい」といわれていることが、どうしても必要だったのです。**

そのことがわかったら、起きている現象について、一つひとつ「よい、悪い」「幸、不幸」と、評価・論評しなくなるのではないでしょうか？

059

「自分は、たいしたものではないけれど、案外いい奴かもしれない」と思えたら、人生が楽しいもともと、人間はたいしたものではありません。「自分がたいしたものではない」ことを受け入れたら、何を言われても動じません。「バカじゃないの」と言われたら、「そのとおり、バカなんです」と答えれば、どこにも問題は生じません。

人前で話をするとき、まったくあがらない人がいます。あがる人の共通項は、上昇志向があることです。「いい話だったと評価してほしいと思う」から、あがります。「評価されたい」と思うから、苦しくてつらくなります。**自分自身はろくなものではないし、たいしたものでもないし、普通の人なのですから、人の前で話をするときに、「つまらない」と言われても、淡々と話して、帰ってくればいいわけです。**

だから私は、「ダジャレ」を言うことに恐れはありません。いちいちダジャレの評価を気にして落ち込んでいたら、私は、すでに何千回も死んでいなくてはいけません。「普通の格好をしていて、普通に話をする、普通の人であり続けること」これが私のテーマです。私は、「講師に見えないうち」は、講演を続けてもいいと思っています私が壇上に上がると、「マイク係のおじさんが出てきた」と思われるときが、よくあります。「正観さんの運転手ですか?」と聞かれることも、よくありました。

そのように言われている間は、話をしてもよさそうです。貫禄やオーラがある人を目指さないで、「たいしたものではない自分」を受け入れると、人生は楽しくなります。

繰り返しますが、人間はもともと、たいしたものではありません。なので、わざわざ自分の「あら探し」をする必要はありません。

人間は、誰でも「未熟」だから、あら探しをすれば、欠点はたくさん見つかります。私自身も、たぶん「あら探し」をしたら、200個や300個は書けると思いますが、自分の欠点は「考えないこと」にしています。

「『自分で自分を見つめる』ということが、どういうことかわからない」という質問を受けたことがあります。

「自分で自分を見つめる」とは、自分の「よいところ」を探して、「自分で自分に惚《ほ》れる」ということです。**「自分はたいしたことはないけれど、探してみるとそれなりにいいところもあって、案外いい奴かもしれないな」と思えたら、人生が楽しくなります。**

私は、自分のよいところ、好きなところを200個くらい書き出せます。自分で、「すごくいい奴だな」と思っています（笑）。

「ほかの人の評価」は関係ありません。他人の評価で生きるのではなくて、自分の評価で生きる。そうすると、自分がよく見えてきます。

みなさんは、今、「自分のよいところ」をいくつ挙げられますか？　1年後までに、「100個」挙げられるようにしてみてください。

自分で自分が好きになって、「いい奴だな」と思うと、大晦日が楽しくなります。「今年1年、自分はどうだったかな…」と振り返ってみて、「うん、結構いい奴じゃないか」と思って、自分の頭を撫でてあげられそうです。

だから、自分のよいところを1年後には100個、2年後には200個挙げられるようになってみてください。きっと、人生が楽しくなるでしょう。

060

「時間でしか解決しない問題がある」ということを受け入れる

私は年に数回、静岡県の伊東市で合宿をしていたのですが、そのときに起こった出来事です。私の本のいくつかに、「挿絵」を描いてくれている斎藤サトルさんが、合宿の参加者3人を伊東駅まで送ってくれることになりました。けれど、彼の車は2人乗りだったので、私の車を彼に貸そうと考えました。

ところが、私の車にかかっている自動車保険は、「26歳未満不担保」であり、当時、23歳の斎藤さんが万が一でも事故を起こしたら、保険の対象になりません。そこで、ほかの人に運転を頼むことになりました。このとき、私は彼に笑いながらこう言いました。

「斎藤さん。今、23歳なんですよね。人よりもたくさん努力をして頑張って、人より早く26歳になってね」

すると、彼も笑い返して、

「わかりました。たくさん、たくさん努力をして、人より早く26歳になります」

と答えたのです。

ですが、その会話のあと、私はふと、あることに気がついたのです。それは、「どんなに努力をして頑張っても、ほかの人より早く26歳になることはありえない」ということです。お金持ちであろうが貧乏人であろうが、若い人であろうが年寄りであろうが、男性であろうが女性であろうが、どんな人でも23歳の人が26歳になるためには、3年待たなくてはなりません。

つまり、「時の流れを待たないと、絶対に手に入らないものがある」ということです。

努力をしても頑張っても、手に入らないものもある。しかし私たちは、もしかしたら、「為《な》せば成《な》る　為さねば成らぬ何事も　成らぬは人の為さぬなりけり」という、上《うえ》杉鷹山《すぎようざん》（藩政改革《はんせいかいかく》に努めた名君）の言葉を盲信しすぎてきたのではないでしょうか？

私は、自分の「おかげさま（守護霊《しゅごれい》）」に、次のような質問をなげかけてみたことがあります。「人間のまわりには、努力によって解決できる現象は、何％くらいあるのでしょうか？」おかげさまの答えは、「０％」というメッセージが降りてきました。

仮に、「10カ月、一所懸命努力をしたことで、問題解決ができた」という人がいたとします。けれどこれも、「努力によって解決したのではない。10カ月という時間が解決した」ということです。これは、すごくショックな話でした。

私たちが「為せば成る。必ず為せば成るんだ。為さねばならない。為さないから成らないんだ」と思い込んでいることは、本当に、たくさんあると思います。

けれど、これはどうも、全部、「時の流れ」によって決まっているらしい。努力してもしなくても、そうなるものはそうなっていくし、ならないものはならないようです。

私たちは、学生時代から、「為せば成る　為さねば成らぬ何事も」と教わってきました。でも、宇宙のしくみは、どうも、そうなっていないようです。

ただ、目の前に起きてきたことについて感想・論評・評価をしないで、笑顔で「はい、わかりました」とすべてを受け入れていく（すべてに感謝する）。子ども、妻、夫、義父、義母は、「受け入れる」ために存在しているのであって、戦って争って説得して、自分の思い通りにするために存在しているのではありません。

私たちの目の前に起こることに対して、すべて笑顔で受け入れる（感謝する）ことができるようになることが、「人生の意味」なのです。

061

どんなに褒《ほ》められても「有頂天にならない」、どんなにけなされても「落ち込まない」

「ニコニコできないのですが、どうしたらいいですか?」とか、「イライラしたくないけれどイライラします。どうしたらいいですか?」という質問をよく受けます。

でも、イライラしてしまうのも、ニコニコできないのも、「誰かのせいではなく、自分のせい」です。だとすれば、「他人にはどうしようもありませんね」というのが、私の答えです。結局は、「自分が自分を律する」しかありません。

「強靭な精神力」を持つには、「感じない自分」をつくることです。

「孫《そん》子《し》の兵法《へいほう》」に、「百戦百勝は、最善なるものにあらず」という教えがあります。この教えは、「百回戦争してすべて勝つ武将が優秀なのではない。**一度も戦わない武将、戦わずして勝つ武将、敵をつくらない武将こそが優秀である」ことを示しています。**

傷つきたくなくてガードをしている人は、本当は弱い人なのかもしれません。バカにされても傷つかない人が、いちばん強い。メンツ、プライドを傷つけられても、笑っていられるのが強い人であり、そのためには今の状況を受け入れて（感謝して）、「一《いっ》喜《き》一《いち》憂《ゆう》しない自分」になればいいのです。

ある方から、「コンピューターによる人格判断をさせてほしい」とお願いされたことがあります。電極を貼って数値を計測したところ、私の「心の開きかた」「外界に対する反応」は、うつ状態にある人と同じであることがわかったそうです。

一方で、「気の流れ」を調べてみると、うつ状態の人の数値が「5～10」であるのに対して、私は「95」もあったのです。その技師の方は、今までに３０００人ほど見てきたそうですが、このようなパターンは、はじめてだったそうです。私はこの方に、次のように言われました。

「うつ状態の人のように心を閉ざしていて、環境や状況に対する反応は乏しい。それなのに、『気の流れ』は『95』という高い数値が出ている。この結果をひと言であらわすなら、『明るいうつ状態』です」と。

「自分がどう生きるか」だけを考えてきた私にとって、この検査結果は腑《ふ》に落ちるものでした。私は、どんな現象が起きても、舞い上がることも落ち込むこともなく、受け入れて（感謝して）きたからです。はじめて私の講演会に来てくださった方の中で、

「すばらしいお話で感動しました。これから私は、小林さんを師と仰いで生きていこうと思います」と言ってくださった方が、当時、5人いました。

しかし、その5人の方たちは、その後、二度と私の講演会に参加したことはありませんでした。

反対に、講演終了後に、「そんなバカな話があるか」と反発した方が、当時、50人ほどおられました。しかし、その方たちは、その後も私の講演会に来てくださり、今では講演会の主催者になってくださっています。

そのような経験を通して学んだことは、どんなに褒《ほ》められても「有頂天にならない」こと。そして、どんなにけなされても「落ち込まない」ことです。

私は「明るいうつ状態」である自分がとても好きです。安っぽいダジャレを言って、誰も笑わなくても、べつに落ち込みません。

反対に、みんなが笑ってくれたからといって、機嫌をよくするわけでもない。完全に自分の世界だけで完結しながら生きています。だから、とても「ラク」なのです。

062

「問題を問題と認識しない」と、あらゆる悩みが消えてなくなる

夏目漱石《なつめそうせき》の俳句の師匠は、正岡子規《まさおかしき》（明治の俳人）ということになっています。漱石と子規は、東京大学の同級生でした。夏目漱石の本名は、「夏目金之助《なつめきんのすけ》」といい、彼に「漱石」という名前を与えたのは、子規でした。もともとは子規のペンネームのひとつでしたが、のちに金之助が譲り受けたのです。

「漱石」とは、中国の古典にある「漱石枕流《そうせきちんりゅう》」という故事に由来しています「漱石枕流」とは、「石で口を漱《すす》ぎ、川の流れを枕とする」という意味だそうです。

しかし本当は、「枕石漱流」、つまり「石に枕し、流れに口を漱ぐ」が正しく、「大志を抱いたものは、家や収入がなくても、朝は川の水で歯を磨き、夜は石を枕にして眠る。そういうストイックな暮らしをしながら、努力するものだ」という思想を表現しているとのことです。

中国のある隠遁者《いんとんしゃ》が、当時の王に、「枕石漱流」と言おうとしたところ、間違えて、「漱石枕流」とさかさまに言ってしまったのです。王が間違いを指摘すると、隠遁者は「しまった」と思いながらも間違いを認めずに、「いや、本当の聖人たるものは、石で歯を磨き、浮世のくだらない流言《りゅうげん》を聞いた耳を川の流れで洗うのだ」と言い張ったのだそうです。この中国の故事から、「負け惜しみの強いこと」「ヘリクツをこねること」を「漱石枕流」と言うようになったとのこと。

子規は、中国古典のおもしろさを知る友人、夏目金之助に、「あなたは、漱石と名乗ったらどうだ」と言ったのです。

正岡子規は、34年間という短い生涯のうち、後半生のほとんどを病床で過ごしています。肺結核をこじらせて、「脊《せき》椎《つい》カリエス」を患っていたそうです。

正岡子規の本名は、正《まさ》岡《おか》常《つね》規《のり》です。「子規」とは「ホトトギス」の別名ですが、鳥の名をペンネームに使ったのは、肺結核で血を吐いていたことに由来しています。「鳴いて血を吐くホトトギス」という言葉があります。ホトトギスは口の中が赤いので、鳴くと血を吐いているように見えます。彼が「子規」をペンネームにしたのは、「ホトトギスみたいに口が血で真っ赤だ」という、彼なりのブラックジョークなのでしょう。

俳句においては、「感想を一切排除し、客観的に、ありのままを俳句に詠む」のが、子規の考え方であり、当時は非常に革新的でした。

「柿くへば　鐘が鳴るなり　法隆寺《ほうりゅうじ》」の句は、子規が28歳のときに、病床を抜け出して奈良に行ったときに詠んだ句で、子規の最も有名な句です。

脊椎カリエスの激痛に苦しんでいながら、その痛みについては何も書き残していません。この句は、旅の途中で痛みに耐えながら詠んだ句とは思えないほど、人の心を癒します。痛み、嘆き、死への恐怖といった内面の問題はいっさい句の中に投影しないという、子規の文学論を実践しているように思えます。

死と隣り合わせで血を吐く自分の姿さえ笑いのネタにし、痛みや嘆きというものを句の題材にしなかった子規は、いわば「強靭《きょうじん》な精神力」を持った人といえるでしょう。

強靭な精神力とは、「何も感じない自分」をつくることです。

私たちは、問題と向き合ったとき、「どうやって解決するか?」を考えます。しかしそれでは、永遠に問題はなくなりません。努力して頑張って手に入れるものではないようです。「強靭な精神力」を持つには、「問題を問題と認識しない」こと。**子規のように、病気をも笑い飛ばして、問題を問題としない、力を抜いた生き方のできる人が、本当の「強靭な精神力」の持ち主ではないでしょうか。**

第9章

Miracles of the Word “Arigato”

「神様」に好かれる習慣

063

「偶然が2つ以上、重なったとき」は、そちらへ行ってみたらという宇宙からのサイン

「宇宙の法則」を学ぶうちに、「未来に存在しないものは、想像ができない。想像ができたということは、未来に存在するからだ」と思うようになりました。「未来が読み取れる」のは、未来が確定的に存在しているかららしいのです。

不思議なことに、ある人を見ていて、その人の未来が私に思い浮かんだことが、「80例」ありました。この「80例」のうち、向こうから勝手に未来が思い浮かんだのが「20例」あって、私の意志でこの人の未来を知りたいと思って、思い浮かんだのが「60例」あります。では、未来が思い浮かんだ「80例」のうち、「その通りになった」のは、何例あったと思いますか？「80例」です。つまり、100％その通りになってしまった。「ことごとく当たってしまった」ということは、宇宙論としては、「未来が存在するらしい」ということでしょう。

あるとき、ひとりの女性とすれ違いました。私は「何か不思議なもの」を感じて、足を止めて振り返りました。女性とすれ違って足を止めたのは、後にも先にも、「それ1回」しかありません。私が振り返ったら、向こうも立ち止まってこちらを見ていました。「どうして2人とも、同じことをしているのだろう?」と思って、この女性の未来を思い浮かべてみました。すると、絵柄が映り、「タキシードを着た私の横に、白いドレスを着たこの女性が腕を組んでいる」という絵柄が思い浮かんだのです。つまり、「一度すれ違っただけで名前も知らない女性が、私の妻になる」という暗示です。

実際、私たちは結婚しました。

「80例」の中には、妻だけでなく、自分の娘(次女)もいます。

彼女が、「偏差値が高い学校を受けたい」と言い出し、どこを受けたらいいか、相談されました。とはいえ、当時の彼女の偏差値は、いわゆる名門校、有名校に入れるほど高くはありませんでした。コンピューターを使った事前の合格判定では、合格率は、たったの「5%」だったそうです。

そこで私は、学校名の書かれている紙に指を当て、学校名を追いながら「絵柄」が思い浮かぶかどうか試してみました。すると、「ある学校の校門の桜の木の下で、娘がニッコリ微笑んでいる写真」の絵柄が思い浮かんだのです。私は娘に「ここを受けてみたら?」と言いました。結果は、なんと合格でした。

「ある偶然の重なりが2つ以上あったとき、私はそれを、宇宙がそちらへ行ってみたらと言っているサインだ」と受け止めています。そして、その流れに従うようにしています。「こうしてみたら」という「宇宙のサイン」を素直に受け入れ、自分の運命や運勢をすべて宇宙に委ねてしまうと、生きることがラクになります。

良寛《りょうかん》和尚《おしょう》が、ある人から「災難を避ける方法」を尋ねられたとき、次のように書き送ったといいます。原文通りではありませんが、趣旨は、

「災難に遭うときは、遠慮なく遭いなさい。死ぬときは遠慮なく死になさい。それが災難除けの最良の方法」というものでした。

怖がらず、すべてを宇宙に委ねてみる。委ねるといっても、「自分が書いてきたシナリオ通り」なのですから、自分にとって悪いようにはなっていません。

「未来が存在するらしい」ということは、「何も考えずに委ねても、そうなる」ということです。だから、流れに逆らわず、「宇宙のサイン」を受け入れて、やるハメになったことをやっていけばいいだけのようです。

064

「自分が生まれる前に書いてきたシナリオ通り」に、人生は進んでいくらしい

「はじめに」でも書きましたが…、

「どうも私たちは、自分の人生を、生まれるときから死ぬときまで、すべて、こと細かにシナリオに書いてきたらしい」

というのが、40年間、研究して得られた、私の「結論」です。

「自分が書いたシナリオ通り」に人生が進んでいくのであれば、じたばたする必要はありません。**右を選ぼうが左を選ぼうが、どちらを選んでも、選んだものが必ず「自分のシナリオ通り」だからです。**

「こんなひどい悲惨な人生のシナリオを、自分で書くわけがない」と私に言ってきた人がいますが、「悲惨なこと」も「恵まれていること」もこの世にはありません。

たとえば、経済的に裕福な家に生まれた子どもがいたとします。お金持ちで裕福な家の子どもは、おおよそ、二手に分かれます。

裕福であるがゆえにわがままになって、自己中心的に育っていく人が50％。

「金持ちケンカせず」という言葉の通りに、人に対して寛容で、寛大で、あたたかくて、ニコニコと生きていくという人も50％です。


一方で、経済的に困窮《こんきゅう》している家で生まれ育ってきた子どもも、おおよそ、二手に分かれます。困窮して育ってきた結果として、性格がねじれてしまい、他人に敵意と憎しみを持って育ってしまう人が50％。

反対に、人を大事にして、とてもいい人格を養いながら大人になる人も50％です。


結論を言うと、裕福であろうが貧しかろうが、必ずどちらも50％になります。どのような生まれ育ちであっても、「生まれる前のシナリオ通り」に育つようです。

金持ちに生まれ育ちに生まれてグレた人もたくさんいて、貧乏に生まれても楽しくやっている人もたくさんいます。

自分がどちらの人格になるかは、「自分で書いたシナリオ通り」で、生まれ育った環境はあまり関係がないようです。

精神世界の先生といわれる人の中で、「人生のシナリオは、生まれる前から決まっている」という考えを持った方が、私の知人で6人いらっしゃいました。

この方々は、「大きなことの粗筋（大筋）は、だいたい決まっているが、細かいことは自分の選択によって決められる」と言うので、私は、その方々に、同じ質問をしました。「大きなことと、小さなことの境界線は、どこにあるのですか？」

誰からも、「その問い」に対する答えは、返ってきませんでした。

その境界線の「線引き」は誰にもできないし、わかりません。というより、そもそも「分けられない」のではないでしょうか。

私の同級生であるSくんは、高校卒業後、大学にも行かず、就職もせず、1年くらいブラブラしていたそうです。

彼が、晴海の見本市でジュースを売るアルバイトをしていたとき、アメリカの老夫婦がジュースを買いに来ました。ジュースを飲み終わって、彼らが「サンキュー」と言って立ち去ろうとしたとき、男性が転んでしまいます。Sくんは、すぐに助け起こして、擦りむいている膝にハンカチを当てて手当てをしたそうです。

すると、この男性が言いました。

「君のように親切で優しい若者に会ったのは、日本に来てはじめてだ。私たちには子どもがいない。ぜひ、わが家に来て、養子にならないか」

Sくんは素直に受け、それからパスポートを取り、1カ月後には渡米をします。一度しか会ったことのないアメリカ人老夫婦の養子になったそうです。

Sくんにとって、「転んだ男性に手を貸す」ことは、「たいしたこと」ではなかったのだと思います。きっと、当たり前のことだったのでしょう。

けれど、**たいしたことではないように見える、小さな出来事から、「うちの養子にならないか」という話に発展して、彼はアメリカに渡ったのです。**

その後、Sくんはアメリカで大学院まで通い、企業買収と合併についての専門的な教育を受けました。養父母が亡くなったときには、かなりの遺産を相続しています。

そして、大きな会社に就職をし、「日本支社長」という立場で帰国しました。その後、Sくんは企業合併のプロフェッショナルとして、日本で活躍をしているそうです。

Sくんの例を考えてみても、その人にとって、いったい何が「大きいこと」で何が「小さなこと」なのか、わかりません。私たちの人生に、「大きいこと」と「小さいこと」の区別はない。同じように、世の中には、「大事な人」と「大事ではない人」の区別もありません。目の前に現れた人が、「すべて大事な人」のようです。

065

愛すれば愛される。愛さなければ愛されない。
嫌えば嫌われる。嫌わなければ嫌われない

あるとき「イエス・キリスト」についての、テレビ番組を見ていました。

私は、「どの宗教」にも属していませんし、どこからも教えを受けたことはありません。しかし、お釈迦《しゃか》さま、キリスト、ソクラテス、プラトン、モーツァルトのような人の生き方や生涯には、とても興味があります。だから、「彼ら」を扱うテレビ番組があると、時間の許す限り見るようにしています。

キリストは、34歳で十字架にかけられたとされていますが、32歳くらいのときに、弟子と岩山を歩きながら、このようなことを言ったと、テレビで放映していました。

「裁く者は裁かれる、裁かぬ者は裁かれない。許す者は許される、許さぬ者は許されない」

この言葉を聞いた瞬間、私はベッドから転げ落ちてしまいました。

私は、48歳のときに『うたしごよみ』という日めくりカレンダーをつくり、「宇宙の大法則」を31個、書かせていただきました。

その中のひとつに、次のような法則があります。

「投げかけたものが返ってくる。
投げかけなければ返らない。
愛すれば愛される。
愛さなければ愛されない。
嫌えば嫌われる。嫌わなければ嫌われない」

この法則は、キリストの「許す者は許される」という教えと同じものです。けれど、私が48年かけて得られた結論を、キリストは32歳のときに手に入れていたのです。キリストは、まだ青年の域を脱していない32歳です。「宇宙の法則」に至るには「若すぎる」と思いました。

私自身と照らし合わせて、「わずか16年の違いしかないじゃないですか」と思われる方がいるかもしれません。ですが、これは「単に16年」の違いではありません。

たとえば、今が40歳だとすると、「1歳〜40歳までの情報量・経験量・知識量」と

「41歳のときの1年」が同じ重さだと考えています（41歳の1年には、それまでの40年間の経験がすべて含まれている）。

このように考えると、32歳の人と48歳の人の「16年の差」は、情報量が「2の16乗分」も違うと言うことができるのです。

キリストのこの言葉を聞いた瞬間に、私は「キリストは神の子だったのだろう」と思いました。キリストは、自分の経験から何か教えを編み出したのではなく、「宇宙の構造やしくみ」をつくったもの（神）から、その構造論を聞いていたのであろうと。

もう1回、キリストの言葉を言います。

「裁く者は裁かれる、裁かぬ者は裁かれない。許す者は許される、許さぬ者は許されない」

キリストは、「何が正しくて、何が正しくない」と言っていません。「私は正しい。私の感覚でこの人を裁けばいい」という考え方は、どうも違うようです。**「正しい、正しくない」ではなく、「裁く者は裁かれる」のが、どうも「宇宙の法則」のようです。**

066

自《じ》我《が》＋おまかせ＝１００

40年間、宇宙の法則を研究してきた結果、「どうやら神様は、やる気のない人を後押ししているらしい」ということがわかりました。

宇宙には、「自我《じが》＋おまかせ＝100」という法則があります。

「自我」とは、好き嫌いのことです。優先権は自我にあって、自我が「90％」の場合には、「おまかせ」が「10％」だけ入り込みます。自我が「20％」のときは、おまかせが「80％」入り込みます。そして自我がゼロ状態になり、おまかせが「100％」の状態になると、人生はすごく「ラクで楽しいもの」になります。

私も若いときは、自我だけで自分の人生を組み立てるように、教育されてきました。父親から、「自分の夢や理想、夢や希望というものを追いかけて、それを実現させることが正しい人間だ」と教え込まれて育ってきたのです。

ところが、「宇宙の法則」がわかってきてからは、「ただただ、宇宙におまかせをすればよい」と思うようになって、「おまかせの部分」がどんどん増えてきました。

「自我が強い人生」も、「おまかせだけの人生」も、私は両方体験してきました。両方を知る人間としての結論は、「おまかせ100％の人生はものすごく楽しく、ものすごく幸せな人生だ」ということです。

おまかせの人生とは、より具体的に言うと、「やるハメになったことを、ただ淡々とやる人生」のことです。

私が子どものころ、両親は、毎日ケンカをしていました。私が小学校4年生のときに4回、5年生のときに5回、6年生のときに6回、母は実家に逃げ帰りました。

母を迎えに行くのは、私の役目でした。何回も母を迎えに行っているうち、私は、電車の時刻表の読み方や安い切符の買い方を知ることができました。時刻表に読めない漢字があると、漢和辞典や国語辞典で調べたので、辞書を引くことが好きになりました。おかげで「国語の力」がだいぶアップしたように思います。

大学2年生のとき、私は実家を出るハメになりました。そして、生活費を自分で稼ぐハメになったのです。

その結果、好きだった旅の「記事」をあちこちに投稿する、ということを思いつきました。あちこちに投稿した結果として、有料で原稿を採用してくれるところが半分ほどありました。そのお金のおかげで、私は自分で大学を出ることができました。

自分の夢や希望を追っていたから原稿を書くようになった、のではありません。生活のために原稿を書くハメになった。そして、それをあちこちに送っていたら、それで生活ができるようになったのです。

自分の側から、働きかけたわけではありません。やるハメになっただけ、です。そしてどうやら、「やるハメになることが宇宙の要請」のようなのです。「宇宙がそのようにしくんだ」というほかありません。

私たちの人生は、生まれる前に、「自分で自分の人生のシナリオを書き上げている」ようです。**自分の意志とは関係なく、「自分が書いたシナリオ通り」に、ことが進むようになっている。**それは「やるハメになった」というかたちで現れてきます。

だから、何も考える必要がありません。「やるハメになったことを、ただ淡々とやる人生」が、私の言う「おまかせの人生」ということです。

067

「何かすごいことをやる使命があるはずだ」という「思い」を手放す

1年に何人か、次のような質問をする人がいます。

「私の『本当の使命』は何でしょうか。本当の自分探しを20年やっているのですが、まだ『本当の使命』が見つかりません」

「あなたは、今、何をやっているのですか」

「主婦です」

「主婦なんですね。じゃあ、夫と子ども、まわりの家族に対してできることを、ただ淡々とやっていけばいいわけですよね。まずは、目の前のことをやる。目の前のことをやらないと、神様は上から見ていて、『家庭のこともちゃんとやれないのだから、ほかのことは任せられないよね』と思っているのかもしれませんよ」

パッと服を脱ぎ捨てて、突然、「スーパーマン」になることを夢見ている人が、世の中にはたくさんいます。**でも、「今とは違う別のところに、すごい役割やすごい能力が隠されていること」は、残念ながらありません。**

今、生きている「私」が、すでに「100点満点」なのだから、「今、やらされていること」を普通に淡々とやって、淡々と死ぬのが、「人生をまっとうすること」だと私は思います。

講演会が終わってから、私に、次のような質問をした方がいます。

「2年前、有名な神社の境内を歩いていたら、白い光が私の体に入ってきました。パアッとすごい光に包まれたのですが、あれはいったい何だったのでしょうか?」

私の答え。

「単なる勘違いだと思います」

この人は、「あなたは、きっとすごい人なんだ。それはすごい現象だ」と私に言われたかったのでしょう。けれど、私は「唯物論者《ゆいぶつろんじゃ》(現象が「物質的」に現れない限り信じない)」です。本当に特別な力を持った光が体に入ったのだとしたら、すでに、私に聞く必要はなかったはずです。すごい人になったのなら「あれをやっても、これをやっても、何でもうまくいって、すでにひっぱりだこの状態になっている」と思います。

「あれは何だったのでしょうか?」と聞きに来るということは、現時点で、「何も起きていないから」であり、2年間も何も起きていないということは、「単なる勘違い」と考えるほかありません。

ほかにも、こんな話をした音楽家がいました。

「神様から、天界の音楽をもらったので、ＣＤを制作して販売しています」

この音楽家は、「神の世界から、メッセージをもらっている」と言うのです。唯物論者の私は、「ニッ」と笑って聞きました。

「そのＣＤは、売れていますか」

「いいえ、あまり売れていません」

「だとしたら、その音楽は、神の世界の音楽ではありませんよね」

この方は、「天上界から、すごい役割を与えられた」と思っていたようですが、天上界のメッセージを受け取っているのに「売れていない」のはおかしい気がします。

「自分には、何かすごいことをやる使命があるはずだ」と思っている人ほど、「目の前の人・こと・もの」を大事にしていないのかもしれません。「頼まれたこと」を誠実にこなしている人に、「これをクリアしたので、次は別のことをやらせてみようかな…」と、神様だったら思うのではないでしょうか。

068

目の前の現象は、「自分が発した言葉」によって、つくられている

以前、ある知人の女性から、このような相談を受けました。

「2年前に夫が交通事故で車にはねられて、現在まで、ずっと植物状態になっています。この2年間は本当にひどい状態で過ごし、『楽しいことなど何もない、神も仏もないものだ』と家族みんなで言い続けてきました。先行きの見通しも何もなく、つらくてしかたありません。これからは、どういうふうに生きていけばいいのでしょうか？」

私は、その方に向かって手を合わせて、「ありがとうございます」と言いました。

「どうしてですか？」とおっしゃるので、次のような話をしました。

じつは、この相談を受ける数年前から、宇宙からあるメッセージがありました。「聖書」の「ヨハネ福音書《ふくいんしょ》」の記述の中に、「はじめに言葉ありき。言葉は神とともにありき。言葉は神なりき」という一節があります。**この一節について、宇宙から、「『はじめに言葉ありき』とは、言葉を発することによって、またそれを言いたくなるような現象が起きてくる」と、メッセージをいただいていたのです。**

私がこの女性に、「ありがとうございます」とお礼を言ったのは、彼女が「否定的な言葉を発すれば発するだけ、また同じ言葉を言いたくなるような、楽しくない現象が降ってくるらしい」ということを、私に代わって見せてくれたからです。事故以来、肯定的なことを言ったことはなかったそうです。家族全員が「つらい」「悲しい」と言い続けてきた。そして、楽しいことは何ひとつ起きていないとのことです。

彼女は、「何ひとつ、いいことはない」と言っていましたが、70歳を過ぎた母親は元気で、2人の子どもは大学に通い、特待生として奨学金をもらっている。彼女は、恵まれていることには目を向けないで、「つらい、悲しい」と言い続けた。その結果として、「楽しいことがひとつもない状況」を、自分自身でつくっていたのです。

さらに彼女は、毎日のようにご主人のお見舞いに行っているそうですが、「早く目覚めて。早く私たちのこのひどい状態をなんとかして。あなたが私たちのために働いてくれないと、私たちはどうにもならない」と、2年間、言い続けてきたそうです。

愚痴や泣き言を2年間浴びせ続けるのと、「楽しくて幸せ。こんなおいしいものがあったよ。こんな美しい景色があったよ」と聞かせ続けるのとでは、体と魂に与える影響は雲泥の差があると思います。

ですから、「毎日、看護しても、ご主人に向かって愚痴や泣き言を聞かせていたのでは、目覚めるわけがありませんよね」とお伝えしました。すると彼女は、

「今まで正観さんの本を読み、お話を聞いていたのに、全然そういうふうに思うことができませんでした。問題なんてどこにもないのに、ゼロの現象を否定してきただけだったのですね。もう今日からは、肯定的な言葉に変えていきます」

と言って、とても明るい顔で帰っていかれました。

「はじめに言葉がある」のですから、自分の状況を変えたいのであれば、「嬉しい・楽しい・幸せ・愛してる・大好き・ありがとう・ツイてる」という肯定的な言葉を言えばいいことになります。

どうやら、私たちの発する言葉は、「打出《うちで》の小槌《こづち》」らしい。

私たちは自分の発する言葉によって、自分の現象をつくることができる「打出の小槌」を使いこなすことができるようなのです。

069

「強く念じ続けると、それが叶《かな》う」
という法則は、どうやら宇宙にはないらしい

努力型の「自己啓発セミナー」などでは、「強く念じ続けていると、いつか、それが叶《かな》う」という考え方を教えていますが、私は、この考え方にあまり賛同していません。

なぜなら、「希望通りにならないことのほうが非常に多い」からです。

子どものころから、ずっと車イスで過ごしている知人の少年がいます。この少年は、野球帽をかぶり、野球のユニフォームを着ながら、親に車イスを押してもらう生活をしていました。

少年は野球が好きで「野球選手になりたい」「野球をやりたい」と10年以上も強く念じ続けながら、それでも、その後、野球選手にはなっていないという現実がありました。強い念をずっと長く持ち続けたからといって、叶《かな》わないことはあるのです。

「噂をすれば影がさす」ということわざがあるように、噂をしていたら、話の張本人が本当にやって来た、という「実例」はたくさんあります。

でもそれは、噂をしていたから、張本人が動きはじめたのではありません。相手が自分に近づいて来る状況が想定できるから、小声で噂話をしていた、というのが私の解釈です。喫茶店で、AさんとBさんが、Cさんの噂をしていたら、張本人のCさんが喫茶店に入って来たとします。このとき、AさんとBさんが噂をはじめたことがきっかけで、「Cさんが急にコーヒーを飲みたくなって、支度をはじめて、靴を履いて、家を出て、この店に来た」のではないと思います。Cさんが喫茶店に近づいてくる状況が想定できたから、AさんとBさんが噂話をしていたのです。

マザーテレサは、道端にうちひしがれて死を待つだけの人を受け入れる「死を待つ人々の家」を、1952年に、開設しました。すると当時、ある記者が、彼女に質問を浴びせたといいます。「こんなことをしても助からない人が多い。連れて来た人の多くが死んでいくではないか。無駄ではないのか」マザーテレサはこう言ったそうです。「この人たち全員の命を助けようと思って、連れて来ているのではありません。この人たちは、せっかく人間に生まれついたのにもかかわらず、道端にうち捨てられて、死を待つだけの人たちです。この人たちを放っておけば、『私はこの世に人間として生まれるのではなかった。人生はひどいものだった』と思いながら死んだに違いない。最後の最後に、『せめて死ぬときは、人間らしく』最期を迎えてもらいたいのです」

これは、私見ですが、マザーテレサが、「この人たち全員の命を助けよう」という「強い思い」を持っていたら、悩んで苦しんでいたと思います。当時は、助けようと念じても、助けられない人が多かったでしょうから。でも、マザーテレサは助けようという「思い」は持っていなかったのだと、私は、思います。

助けたかったのではなくて、最期の瞬間を「人間として生まれてきてよかった。本当に幸せだった」と思ってもらい、「天国」の状態にしてあげたかったのだと思います。

「思いを強く持って、それを長く、強く念じていれば、そうなる」という法則は、どうやら、宇宙にはないようです。

人生の悩みのほとんどは、「自分の思い通りの人生を生きたい」という思いが発端になっています。だとすれば、悩みを克服する究極の方法は、「自分の思いを持たないこと」なのではないでしょうか。

070

人生は「楽しむため」に存在している

私はこれまで、200人くらいの人から「臨死体験」（一度死んだと思ったのに、再び生き返ること）の話を聞いて、その話から「あの世までの構造」を、だいたい、このようなものであろうと考えてみました。

心臓が止まると、「魂」は肉体を離れ、トンネルを抜けるそうです。トンネルを抜けると林があり、林を歩いていくと、お花畑が見えてきます。お花畑は、「自分が好きだった花」で満たされていて、おもしろいことに、花も、空も、雲も「半透明」で、色も形もわかるのに「透き通って見える」と、聞きました。

お花畑を100メートルほど進んだ先には、「1本の川」が流れていて、川の流れは3種類。①「流れが速い川」、②「せせらぎのように穏やかな川」、③「流れがまったくない川」。この3種類の川を「三途《さんず》の川」と言うようで、私たちは、そのうちのひとつの流れに出合うそうです。

生前、誰からも愛されず、「よき仲間」にも恵まれず、「おまえなんか、いなければよかったんだ」と否定されながら生きてきた人は、「流れが速い川」を渡ることになるようです。

「愚痴も悪口も言ったし、でもときには喜んで、ときには幸せだった。一喜一憂しながら普通に生きてきた」という人は、「せせらぎのように穏やかな川」を渡るそうです。そして、愚痴や悪口を言わず、常に喜びに満ちあふれていた人、「喜ばれる存在」として「感謝」を忘れなかった人は、「流れがまったくない川」を渡る…と聞きました。

60歳を過ぎたくらいの会社社長がいました。彼は30年あまり、ワンマン社長として辣腕《らつわん》を振るってきたのですが、ある日、突然、心臓麻痺《まひ》で「臨死体験」をされたそうです。その社長から聞いた話です。

肉体から抜けた彼の「魂」は、トンネルと林を通り、お花畑に差し掛かりました。すると、天から声が聞こえてきたそうです。

「川べりまで行ったら『人生のまとめ』について尋ねる。川べりに着くまでに、自分がどんな人生を歩んできたかを、まとめておきなさい」と。

その社長は、人の20倍も30倍も努力をして、頑張って、怠けることも、休むこともなく、ただただ働き続けました。会社は大きくなり、従業員は1000人。商工会の役員も勤め、地位と名誉を手に入れたのです。

自分が成し遂げた実績に自信を持っていた社長は、「努力し、頑張り続けた自分は、きっと神様に褒《ほ》めていただける」と胸を張り、川べりまで歩いていったそうです。

川べりにたどり着いたとき、再び、あの声が聞こえてきました。

「それでは『人生のまとめ』について聞く。人生をどれほど楽しんできたか？」

社長は絶句し、答えられませんでした。なぜなら、「人生を楽しんだ」と思った瞬間は、ほとんど、なかったからです。言葉を失った社長に、天の声は言ったそうです。

「あなたは人生を勘違いして生きてきました。もう一度やり直しなさい」と。

「えっ」と思った瞬間、社長は意識を取り戻したそうです。社長はこの経験を「自分の頭の中で想像した話ではない」と断言しておられました。

「神様の声」は、「人生は、努力するものでも、頑張るものでも、地位や名誉を手にいれるものでもない」ということを教えてくれているのでしょう。では、人生は何のためにあるのでしょうか。

人生は「楽しむもの」。つまり、人生は「喜ばれるため」に存在しているようです。

おわりに

かなり以前、ある方からいただいたお手紙の中に、一篇の詩《し》が書かれていました。作者は不明。それは、中日新聞の「編集局デスク」というコラム欄に掲載された、アメリカのリハビリテーション研究所のロビーの壁に掲げられている詩であり、「南北戦争」に敗れた南軍の兵士の作といわれているそうです。

【無名の兵士の詩】

『大きなことを成し遂げるために　力を与えてほしいと神に求めたのに
謙遜を学ぶようにと　弱さを授かった』
『偉大なことができるように　健康を求めたのに

よりよきことをするようにと　病気を賜《たまわ》った』
『幸せになろうとして　富を求めたのに
賢明であるようにと　貧困を授かった』
『世の人々の称賛《しょうさん》を得ようとして　成功を求めたのに
得意にならないようにと　失敗を授かった』
『求めたものは一つとして与えられなかったが
願いはすべて聞き届けられた（中略）
私は、もっとも豊かに祝福されたのだ』
（2002年3月2日、中日新聞「編集局デスク」より引用）

宇宙は、「裏返しの二重構造」になっているようです。
「病気になりたくない」と思っている人ほど、病気にかかる。
「事故に遭《あ》いたくない」と思っている人ほど、事故に遭う。

「お金がほしい」と思っている人ほど、入ってこない。

という構造になっているらしい。そして、「もういいや、あきらめた」と思うと、ポンッ、と手に入ることがあるみたいです。

これが、「宇宙の裏返し構造」のようです。どうも「執着《しゅうちゃく》」すればするほど手に入らなくなるどころか、「反対の現象」が迫ってくるという構造になっているようなのです。

2500年前に、お釈迦《しゃか》さまは、「宇宙の裏返し構造」のことを「執着」という言葉で表現したのだと思います。

宇宙には、「強く念ずれば必ずや願いは叶《かな》う」という法則はないようです。強く願えば叶うのなら、ガンで亡くなる人はいなくなるでしょう。倒産する会社もないはずです。

ガンで亡くなる人がいるのも、倒産する会社があるのも、強く念じたからといってそうなるわけではないからです。では、私が掌握《しょうあく》した「宇宙のしくみ」は何かというと、

「『執着』しないと、その望みは叶うことがあるらしい」というものです。

私たちは、通常、脳細胞を、わずかしか使っていないそうです。では残りの脳細胞には何が隠れているのでしょうか。

残りの脳細胞をどう使うか、私なりに検証したところ、どうも「執着があると、人間の能力は、わずかな領域までしか使われないらしい」ことがわかりました。

ところが、執着をなくし、「そうならなくてもいいけど、そうなったら嬉しい。でも

そうならなくてもいいけどね」と思うと、「残りの脳細胞の領域」が花開くことがあるようなのです。

「こうなったら嬉しい、楽しい、幸せ」と思うのはかまいませんが、「そうでなきゃいやだ、ダメだ」と思った瞬間（執着した瞬間）に、そうならなくなるようです。

そして、私が書くとしたら、兵士より短い言葉で、次の「1行だけ」です。

「宇宙は二重構造。求めたものと反対のものが与えられるようだ」

●人生は、まわりの人々の「（縁《えん》）」によってできている

菩提樹《ぼだいじゅ》の下で瞑想に入った、お釈迦さまは、12月8日の日の出に、

「わかった、私は悟《さと》った」

と叫んだそうです。

それからお釈迦さまは、かつて一緒に修行をしていた5人の仲間に会いに行きました。

修行仲間たちは、「苦行を捨てた釈迦は、堕落した」と軽蔑していたのですが、お釈迦さまの話を聞き終わると、全員が「今、この瞬間から、私たちはあなたを師匠として一生ついていきます」と態度をあらためたといわれています。

お釈迦さまは、修行仲間にどのような話をしたのでしょうか？

このとき、話した内容は、「縁起《えんぎ》の法」と呼ばれています。

「縁《よ》りて起こる」

「縁起の法」というのは、

「人は、自分の人生を自分でつくれると思っているから、悩み苦しむ。人生は自分の思いによってでき上がっているのではなく『神《しん》仏《ぶつ》やまわりの人々（縁《えん》）』によって成り立っている」

という法則です。

お釈迦さまは、「私の人生をつくっているのは、私ではなくまわり（縁）だ。人は、自分の人生に1％も関わっていない。0％だ」と考えたのでしょう。

私の人生が、「私、以外の神仏、友人、知人、家族」＝「縁」によって成り立っているとしたら、私にできることは、神仏、友人、知人、家族に対して、ただひたすら感謝して「ありがとう」を言うことなのだと思います。

たとえば、ガラスのコップに入った水を私が飲もうとしたとき、コップをつくってくれた人がいなければ、水を運ぶことはできません。

ガラスのコップは珪砂《けいさ》からできているので、ガラスの原料を採ってきてくれた方がいる。ガラスのコップがテーブルに載っているということは、テーブルをつくった人がいる。テーブルは床の上に載っている。床は大工さんがつくった。

つまり、私が水を飲めるのは、「たくさんの人のおかげ（縁）」であり、自分の思いや能力だけでは、水を飲むことはできないのです。

そして何よりも、私たちは水を、完全なゼロから人工的につくれません。水が空から落ちてきて、それを飲むことで命を育むことができるわけです。

神様、仏様、精霊、守護霊《しゅごれい》という「目に見えない4者」と、友人、知人、家族、自分の身体という「目に見える4者」を合わせた「8者」によって、私たちの人生は成り立っていると考えられそうです。

すると、私が自分の人生に対してできることは、ただひたすら「ありがとう」を言って感謝することだけ、ということになります。

自分を取り巻くすべてのものに「ありがとう」を言えるようになれば、この8者が味方になってくれるようです。

●「天国度100パーセント」とは？

「地獄」というものは、「死後に苦しみを受ける場所」ではないようです。なぜなら、死後の世界に行くのは「魂」で、「肉体」を伴っていないと考えられるからです。

そうすると、肉体がなく、痛みを感じない状態である魂の世界においての「地獄度100パーセント」の状態とは、「孤独地獄」であろうと考えることができるでしょう。

さて、「地獄度100パーセント」がわかれば、その対極にある「天国度100パーセント」も想像できるかと思います。

「天国度100パーセント」とは、「孤独と180度正反対である状態」ですから、すなわち、

「よき仲間に囲まれている状態」＝「天国度100パーセント」

となるでしょう。よき仲間とは、

- 「自分の喜びを一緒に喜んでくれる人」
- 「『あなたはあなたのままでいい』と言ってくれる人」
- 「同じ方向を向いて、同じ価値観で生きている人」
- 「同じ話題を、同じように笑顔で話せる人」
- 「喜ばれるように生きている人」

•「不平不満を口にせず、常に感謝をしている人（「ありがとう」を言っている人）」のことです。

愛情に満ちた「よき仲間」に囲まれ、「そこに自分が身を置いているだけで楽しくなる」ことに気がついたなら、もう孤独ではありません。「天国度が１００パーセント」になります。

「天国度１００パーセント」とは、「成功を勝ち得たり、社会的地位を手に入れたり、達成目標をクリアしたりすることではない」と私は思います。

営業ナンバーワンになったり、高級車に乗ったり、豪邸に住んだり、成績を上げたりすることが、「天国度１００パーセント」なのではありません。

たとえ何億円もの年収を手に入れたとしても、「よき仲間」を持たず、「自分の力」しか信じなければ、その人を待つのは、「孤独な世界」でしかありません。

繰り返しますと、「天国度100パーセント」とは、競い合ったり比べ合ったりすることでも、努力目標を達成することでもなく、同じ価値観を持つ「よき仲間に囲まれること」なのです。

●「人生の目的」とは？

さて、そうすると、「人生の目的」がわかってくるでしょう。

「しあわせ」の語源は「為《な》し合《あ》わせ」です。お互いにしてあげることが、「幸せ」の本質なのです。

努力をして、頑張って、必死になって、自分の力だけを頼りに生きていこうとする人のもとには、人は集まりません。「孤独という状態」が続いてしまいます。

一方で、「自分の力なんてないんだ」と思っている人は、まわりに支えられて生きていることがわかっているので、「謙虚」です。

「謙虚」とは「感謝」すること。**「感謝をする人（「ありがとう」を言う人）」のもとにはたくさんの人が集まってきて、「よき仲間」に囲まれます。**

教え合い、学び合い、交歓《こうかん》し合う「よき仲間」に囲まれたなら、それだけで「天国度100パーセント」。頑張りも努力もいりません。

ただ、「喜ばれること」を続けていけばいいのです。

「思いを持たず」、よき仲間からの「頼まれごと」を淡々とやって、どんな問題が起こっても、すべてに「ありがとう」と感謝する（受け入れる）こと。
「そ・わ・かの法則（掃除・笑い・感謝）」を生活の中で実践することであり、「ありがとう」を口に出して言い、逆に、「不平不満・愚痴・泣き言・悪口・文句」を言わないこと。

すると、神様が味方をしてくれて、すべての問題も出来事も、幸せに感じて「よき仲間に囲まれる」ことになり、「喜ばれる存在」になる。

これこそが「人生の目的」であり、「幸せの本質」なのです。

小林《こばやし》 正観《せいかん》

【謝辞】

最後に、「ベスト・メッセージ集2」である本書『ありがとうの奇跡《きせき》』の作成にご助力いただきました、(株)宝来社の小野寺大造さん、(株)ぷれし～ど代表取締役で「正《せい》観塾《かんじゅく》」師範代《しはんだい》の高島亮さん、クロロスの藤吉豊さん、斎藤充さん、そして、編集担当である(株)ダイヤモンド社の飯沼一洋さんには、大変、お世話になりました。この場を借りて、心よりお礼を申し上げます。

2016年11月9日

(株)SKP　代表取締役　小林《こばやし》　久恵《ひさえ》

【参考文献】

・『100%幸せな1%の人々』（小林正観／KADOKAWA中経出版）
・『啼かなくていいホトトギス』（小林正観／KADOKAWA中経出版）
・『「ありがとう」のすごい秘密』（小林正観／KADOKAWA中経出版）
・『宇宙法則で楽に楽しく生きる』（小林正観／廣済堂出版）
・『嬉しく楽しく、幸せになってしまう世界、へようこそ』（小林正観／廣済堂出版）
・『「今」という生きかた』（小林正観／廣済堂出版）
・『無敵の生きかた』（小林正観／廣済堂出版）
・『豊かな心で豊かな暮らし』（小林正観／廣済堂出版）
・『22世紀への伝言』（小林正観／廣済堂出版）
・『楽しい人生を生きる宇宙法則』（小林正観／講談社）
・『喜ばれる』（小林正観／講談社）
・『「人生を楽しむ」ための30法則』（小林正観／講談社）
・『努力ゼロの幸福論』（小林正観／大和書房）
・『ありがとうとお金の法則』（小林正観／大和書房）
・『この世の悩みがゼロになる』（小林正観／大和書房）
・『楽しく上手にお金とつきあう』（小林正観／大和書房）
・『悟りは3秒あればいい』（小林正観／大和書房）
・『ごえんの法則』（小林正観／大和書房）
・『人生は4つの「おつきあい」』（小林正観／サンマーク出版）

・『「そ・わ・か」の法則』（小林正観／サンマーク出版）
・『「き・く・あ」の実践』（小林正観／サンマーク出版）
・『神さまに好かれる話』（小林正観／三笠書房）
・『すべてを味方　すべてが味方』（小林正観／三笠書房）
・『宇宙を味方にする方程式』（小林正観／致知出版社）
・『宇宙を貫く幸せの法則』（小林正観／致知出版社）
・『宇宙が応援する生き方』（小林正観／致知出版社）
・『心に響いた珠玉のことば』（小林正観／ベストセラーズ）
・『楽しい子育て孫育て』（小林正観／学習研究社）
・『日々の暮らしを楽にする』（小林正観／学習研究社）
・『こころの遊歩道』（小林正観／イースト・プレス）
・『なぜ、神さまを信じる人は幸せなのか？』（小林正観／イースト・プレス）
・『心を軽くする言葉』（小林正観／イースト・プレス）
・『脱力のすすめ』（小林正観／イースト・プレス）
・『幸も不幸もないんですよ』（小林正観／マキノ出版）
・『笑顔で光って輝いて』（小林正観／実業之日本社）
・『宇宙方程式の研究』（小林正観／風雲舎）
・『釈迦の教えは「感謝」だった』（小林正観／風雲舎）
・『淡々と生きる』（小林正観／風雲舎）
・『感謝ではじまる幸せの習慣』（小林正観／宝島社）
・『無名兵士の言葉』（加藤諦三／大和書房）

【「再編集・加筆・修正」した文献】

※本書は、小林正観氏の著作である「未来の智恵」シリーズ（発行所：弘園社／販売元：SKP)、「笑顔と元気の玉手箱」シリーズ（宝来社）の下記の著作の一部を再編集して加筆・修正、また、『もうひとつの幸せ論』『ありがとうの神様』（共に、ダイヤモンド社）の一部を再編集して加筆・修正を加えたものです。

「未来の智恵」シリーズ（販売元：SKP）

http://www.skp358.com
『波動の報告書』『こころの遊歩道』
『守護霊との対話』『こころの宝島』
『生きる大事・死ぬ大事』『幸せの宇宙構造』
『ただしい人からたのしい人へ』
『で、何が問題なんですか』
『宇宙が味方の見方道』『楽に楽しく生きる』
『宇宙を解説◆百言葉』『こころの花畑』
『魅力的な人々』『男と女はこんなにちがう』

「笑顔と元気の玉手箱」シリーズ（宝来社）

TEL　03-5950-6538　http://www.358.co.jp
『笑いつつやがて真顔のジョーク集』
『お金と仕事の宇宙構造』
『天才たちの共通項』『究極の損得勘定』
『究極の損得勘定 Part2』『心がなごむ秘密の話』
『知って楽しむ情報集』『神さまの見方は私の味方』
『UFO研究家との対話』

【著者紹介】

小林正観（こばやし　せいかん）

1948年、東京生まれ。作家。2011年10月逝去。

学生時代から人間の潜在能力やESP現象、超常現象に興味を持ち、心学などの研究を行う。

講演は、年に約300回の依頼があり、全国を回る生活を続けていた。

著書に、『楽しい人生を生きる宇宙法則』『「人生を楽しむ」ための30法則』（以上、講談社）、『笑顔で光って輝いて』（実業之日本社）、『心に響いた珠玉のことば』（ベストセラーズ）、『宇宙を味方にする方程式』『宇宙を貫く幸せの法則』（以上、致知出版社）、『「そ・わ・か」の法則』『「き・く・あ」の実践』（以上、サンマーク出版）、『神さまに好かれる話』（三笠書房）、『釈迦の教えは「感謝」だった』『淡々と生きる』（以上、風雲舎）、『無敵の生きかた』『豊かな心で豊かな暮らし』（以上、廣済堂出版）、『この世の悩みがゼロになる』『悟りは３秒あればいい』（以上、大和書房）、『100％幸せな１％の人々』（KADOKAWA中経出版）、『もうひとつの幸せ論』『ありがとうの神様』（共に、ダイヤモンド社）など、多数。

※小林正観さん関連の情報は下記へ。
（株）SKPホームページ　http://www.skp358.com
株式会社SKPは、小林正観さんの著書やCD（朗読・歌）をはじめ、小林正観さんが企画デザインした商品「うたしグッズ」の著作権管理・販売会社です。

ありがとうの奇跡

2016年11月25日　第1刷発行
2023年12月12日　第7刷発行

著　者——小林正観
発行所——ダイヤモンド社
〒150-8409　東京都渋谷区神宮前6-12-17
https://www.diamond.co.jp/
電話／03·5778·7233（編集）　03·5778·7240（販売）
装丁————重原 隆
編集協力——藤吉 豊（クロロス）
本文デザイン·DTP—斎藤 充（クロロス）
製作進行——ダイヤモンド・グラフィック社
印刷————勇進印刷（本文）・加藤文明社（カバー）
製本————ブックアート
編集担当——飯沼一洋

ISBN 978-4-478-10079-0

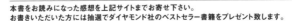